DER GUET BRICHT

d Korintherbrief uf Baaselbieterdütsch

DER GUET BRICHT

d Korintherbrief uf Baaselbieterdütsch

Uusegee vo der
Biibelgsellschaft Baaselland

T V Z
Theologischer Verlag Zürich

Die Deutsche Bibliothek – Bibliografische Einheitsaufnahme
Die Deutsche Bibliothek verzeichnet diese Publikation in der Deutschen
Nationalbibliographie; detaillierte bibliographische Daten sind im Internet
über http://dnb.ddb.de abrufbar

Umschlagbild: Stephanie Zaugg, Waldenburg

Umschlaggestaltung, Satz und Layout: Mario Moths, Marl

Druck: Rosch Buch GmbH, Scheßlitz

ISBN 978-3-290-17514-6
© Theologischer Verlag Zürich
www.tvz-verlag.ch

INHALT

VOORWOORT

Liebi Lääsere, liebe Lääser!

Siibe Joor nach der Aposchtelgschicht chömme jetz au die beede Korintherbrief vom Aposchtel Paulus in öiser Mundaart uuse. Es isch eso lang gange, wil öis s Übersetze vo de Korintherbrief vill schwiiriger dunkt het as daas vom Lukasevangeelium und vo der Aposchtelgschicht. Doorum häi mer immer wider im griechische Täggscht noochegluegt – aber derno mänggisch mit gröösserer Freihäit übersetzt as voraane bim Evangeelium und der Aposchtelgschicht. Und ghulfe häin ys immer wider anderi Übersetzige, syg es settigi uf Mundaart oder uf Schriftdütsch.

Bevor mer ys ans Übersetze gmacht häi, häi mer ys überläit, weeli Schrift us em Nöie Teschtamänt ächt as sinnvolli Ergänzig vom Lukasevangeelium und vo der Aposchtelgschicht in Froog choo chönnt. S Lukasevangeelium git ys Yyblick in die ville Begeegnige, wo Jesus in sym Äärdelääbe ghaa het, und überliifered ys vill vo syne Woort. In der Aposchtelgschicht schildered ys der Lukas, wies nach em Dood und der Ufersteeig vo Jesus wytergangen isch, wie sich d Chrischte noodysnoo über e groosse Däil vom Mittelmeerruum usbräited häi, und was für Schwiirigkäite si derbyy häi müesen überwinde. Die bäide Korintherbrief möchen ys mit de Spannige und Brobleem under de Chrischten in der griechische Haafestadt bekannt. Vill Frooge, wo sich iine gschtellt häi, wäärde drin besproche. Der Aposchtel stot de Gliider vo der Gmäin Reed und Antwoort. Er säit ene mänggisch aber au wüescht und git ene Rootschleeg und Befääl, wie si ires Gmäinilääben aaständig und in ere gueten Oornig chönne füere.

Allerdings ischs für öis hütigi Lääser nit immer äifach, die Usfüerige ganz z verstoo. Mer wüsse öbbedie z weenig gnau Bschäid über d Verheltnis z Korinth zur Zyt vom Paulus und chönne doorum amme nit alles ganz richtig verstoo. Die bäide Briefe häin ys aber äinewääg vill z sääge. Doo und döört goot der Aposchtel jo uf Brobleem und Zueständ yy, wo au öis nit ganz unbekannt syy. Drum hoffe mer, ass öisi Übersetzig mänggem Lääser und mängger Lääsere derbyy hilft, sich Gedanken übers Lääben in öisne hütige Chirchgmäine z mache. Der Paulus chan ys zäige, wie mir hüt bi Mäinigsverschiidehäite mitenand chönnen umgoo, ass es guet uusechunnt.

Au daasmol häi mer wider d Mundaart vo Lieschtel bruucht – das het ys am loogischte dunkt, wil jo die andere zwöi Büechli au uf Lieschtlerdütsch syy.

D Andrea Meng und der Markus Christ häin ys ghulfe, wil si öisi Übersetzig kritisch duuregläase häi.

Mer wüsse, ass d Korintherbrief käi lyychti Lektüüre sy. Mer hoffe, ass öisi Übersetzig glyych vo villne bruucht wiird und mänggem Fröid macht. Denn het sich öisi Arbet gloont.

Rita Buser, Lieschtel († 2004)
Hansueli Müller, Gälterchinde
Evi Seiffert, Lieschtel
Heini Rentsch, Däggnau
Willy Weber, Gälterchinde

7

DER EERSCHT
KORINTHERBRIEF

1 Der Paulus grüesst d Gmäin z Korinth

1/2 Iich, der Paulus, und der Brueder Sosthenes grüesse d Gmäin vo Gott z Korinth. Iich bi zum Aposchtel vo Jesus Chrischtus[1] berueffe, wil Gott das het welle. Mer schryyben an öich, die Häilige[2]. Diir syt jo vo Chrischtus berueffen und ghäiliged. Öich und allnen andere, wo der Naame vo Jesus Chrischtus aarüeffe, wil er iiren und öise Heer isch,[3] wünsche mer d Gnaad und der Friide vo Gott, öisem Vatter, und vo Jesus Chrischtus, em Heer.

Der Paulus dankt Gott

[4] Ich dank mym Gott immer wider derfüür, ass er öich mit Jesus Chrischtus sy Gnaad gee het. [5] Der syt ryych woorde wägen iim: Das zäigt sech immer, wenn der reeded und wenn der d Erkenntnis häit. [6] Öiches Verdrouen in Chrischtus isch nämmlig fescht und staark gmacht woorde. [7] Drum feelts ech an käinere Gnaadegoob bim Waarten uf d Offebaarig vo Jesus Chrischtus, öisem Heer. [8] Äär macht ech staark bis ans Ändi, ass men ech nüt cha zur Lascht leggen an däm Daag, wo Jesus Chrischtus, öise Heer, wider chunnt. [9] Gott, won ech in d Gmäinschaft mit däm Jesus berueffe het, isch dröi.

Gege Spaltigen in der Gmäin

[10] Liebi Brüederen und Schweschtere, ich berüeff mi uf Jesus Chrischtus, öise Heer, und in sym Naame legg ich öich ans Häärz: Reeded alli im glyyche Sinn und Gäischt! Lueged, ass es under ech käini Spaltige git! Stönded zämmen und

---

1 Wil mes besser cha lääse, schryybe mer in de Korinther-Brief numme no «Jesus Chrischtus» und nit «Jesus, der Chrischtus», wie mer daas in der Aposchtelgschicht gmacht häi. Vor «Chrischtus» stoot au e käi bestimmte Artikel me.

2 Gmäint sy d Chrischte oder d Gmäin; «häilig» bedüted «in e bsunderi Beziejig zu Gott gstellt»; s Woort «häilig» chunnt in dere Bedütig im Korintherbrief immer wider voor.

ziejed am glyyche Strick! [11] I ha nämmlig, liebi Brüederen und Schweschtere, vo de Lüt um d Chloë müese ghööre, ass der Händel häit. [12] I mäin dermit, ass der äinti säit: Ich ghöör zum Paulus. Der anderi: Ich ghöör zum Apollos. Und der Dritti: Ich zum Kefas. Und der Vierti säit: Ich ghöör zu Chrischtus!

[13] Mäined der äigetlig, me chönn Chrischtus usenander bäinle? Isch öbbe der Paulus für öich am Chrüz gstoorbe? Oder het men ech uf e Naame vom Paulus daufft? [14] Gott säi Dank han ich niemer von ech daufft as der Krispus und der Gaius. [15] So cha ämmel niemer von ech sääge, der syged uf myy Naame daufft. [16] Wenn i mers aber rächt überlegg, han i no der Stephanas und syni Lüt daufft. Öb au süscht no öbber, wäiss i nümm.

[17] Chrischtus het mi gschickt cho der Guet Bricht bringen und nit zum Dauffe.

Uf waas es bim Verchünden aachunnt

Es chunnt bim Verchünde nit ufs gscheit Reeden aa; süscht verliert s Chrüz vo Chrischtus am Änd no sy Bedütig.

[18] Deene, wo verloore gönge, chunnt s Reede vom Chrüz as e fertigi Dummhäit voor; aber für öis, wo gretted wäärde, lyt do drinn d Chrafft vo Gott. [19] Es stot jo gschriibe:

Ich will d Aasichte vo deene, wo Bschäid wüsse, z nüt
mache, und d Yysichte vo deene, wo drus chömme, ablääne.
(Hiob 5,12; Jesaja 29,14)

[20] Wo isch denn e Gscheite? Won e Schriftgleerte? Und wo äine, wo guet über öises Zytalter cha schwätze? Macht Gott nit, ass die Gscheite vo dere Wält Dummchöpf wäärde? [21] Die gscheiti Wält het d Wyyshäit vo Gott nit chönne gsee; drum lot Gott daas verchünde, wo äim dumm voorchunnt, und rettet esoo alli, wo glaube. [22] D Juude wäi Wunderzäiche gsee, d Grieche wäi e vernümftigi Erkläärig für alls. [23] Aber

miir verchünde, ass dää, wo me gchrüziged het, der Erlööser isch. Für Juuden isch das e Skandaal und für Häiden e fertigi Dummhäit. [24] Aber für alli, wo Gott berueffe het, Juuden oder Grieche, zäigt sech in Chrischtus d Chrafft und d Wyyshäit vo Gott. [25] Was öis an Gott dumm dunkt, isch gscheiter as d Mensche. Was öis an Gott schwach dunkt, isch steerker as d Mensche.

12

Uf waas Gott luegt

[26] Brüederen und Schweschtere, lueged doch, was für Lüt bi öich in der Gmäin syy: Es sy nit vill Gscheiti berueffe, und nit vill mit Yyfluss, und nit vill us nooble Familie. [27] Gott het daas usgweelt, wo men as dumm aaluegt, und macht dermit die Gscheite z Schande. Und mit däm, wo men as schwach aaluegt, macht er s Staarki z Schande. [28] Gott het die usgweelt, wo nit us nooble Familie chömme, und daas, wo me gring schetzt, und daas, wo nüt gilt. Esoo macht er daas z nüt, wo vill gilt. [29] Dääwääg cha käi Mensch vor Gott groos due. [30] Vo iim chunnts, ass der im Verdrouen uf Jesus Chrischtus chönned lääbe. Äär isch d Wyyshäit, wo Gott für öis gmacht het, ass miir as grächt und häilig und erlööst doostönde. [31] Es mues esoo choo, wies in de Häilige Schrifte stoot: *Wär groos duet mit öbbisem, sell mit däm groos due, wo Gott, der Heer, gmacht het.* (Jer 9,23f.)

2 Wie der Paulus s eerscht Mool uf Korinth choo isch

[1] I bi zuen ech choo, liebi Brüederen und Schweschtere, für zum öich s Ghäimnis vo Gott z verchünde, nit wil ich bsunders guet chönnt reeden oder bsunders gscheit weer. [2] I ha mer ebe voorgnoo, vo nüt anderem zu öich z reede as vo Jesus Chrischtus, wo me gchrüziged het.

³ I bi zuen ech choo as e schwache Mensch, ha fescht zittered und Anggscht ghaa. ⁴ Was i verchünded haa, han ich öich nit mit gscheite Woort wellen ufschwätze, aber i ha welle Gäischt und Chrafft zäige. ⁵ Dir glaubed jo nit, wil der gscheit syt, nääi, der Glaube chunnt us der Chrafft vo Gott.

S Ghäimnis vo der Wyyshäit vo Gott

⁶ Für die, wo am Zyyl aachoo syy, isch daas, wo mir dervo reede, gscheit. Aber d Wält findeds nit gescheit, au nit die, wo die Wält regieren und wo undergönge. ⁷ Nääi, miir reede vo der Wyyshäit vo Gott, und die isch im ene Ghäimnis versteckt. Gott het daas vo allem Aafang aa für öisi Heerligkäit esoo feschtgläit. ⁸ Käine vo deene, wo die Wält regiere, het das begriffe. Hätte sis nämmlig begriffe, so hätte si der Heer vo der Heerligkäit nit gchrüziged. ⁹ Es stot jo gschriibe:

> «Was käi Aug gsee het, was käi Oor ghöört het
> und was käim Mensch im Häärz ufgangen isch,
> das het Gott baraad für die, wo iin gäärn häi.»

(us der Offebaarig vom Elia)

¹⁰ Aber öis hets Gott dur syy Gäischt dütlig zäigt. Dää got jo allem uf e Grund, er suecht au Gott bis dieff yyne. ¹¹ Denn weele Mensch wäiss scho, wies im ene Mensch innen usgseet? Am beschte wäiss das doch der Gäischt, wo in em isch. Gnau esoo cha niemer wüsse, was in Gott innen isch, numme der Gäischt vo Gott cha das wüsse. ¹² Aber miir häi nit der Gäischt vo dere Wält üüberchoo, näi, dää Gäischt, wo vo Gott chunnt. Dääwääg wüsse mer, was öis vo Gott gschänkt isch.

¹³ Vo däm reede mer au nit wie die gleerte, gscheite Mensche. Näi, im Geegedäil, esoo, wien ys das der Gäischt gleert het. Miir sääge deene, wo vom Gäischt bewegt syy, was s Gäischtlige bedüted. ¹⁴ Der Mensch, wien er vo Natuur us isch, nimmt nit aa, was vom Gäischt vo Gott chunnt; er findeds e fertigi Dummhäit und chas nit verstoo, wil mes

mues vom Gäischt us gsee. [15] Wäär vom Gäischt bewegt isch, gseet alles, wies wiirklig isch. Aber dää sälber cha niemer gsee, wien er wiirklig isch. [16] *«Wäär het verstande, was Gott, der Heer, mit öis im Sinn het? Und wäär chönnt en beleere?»* (Jesaja 40,12; Jeremia 23,18) Miir aber häi der Gäischt vo Chrischtus.

3 D Gmäin z Korinth isch gspalte

[1] Liebi Brüederen und Schweschtere, zu öich han i nit chönne reede wie zu Mensche, wo vom Gäischt bewegt sy. Im Geegedäil, i ha müese reede wie zu settige, wo hinder däm häär syy, wo vergänglig isch, oder wo im Glauben an Chrischtus no Chinder syy. [2] Milch han ech gee, no nüt Feschts; daas hätted der noonig verdräit. Au jetz verdrääged ders noonig, [3] wil der immer no Sache noocherenned, wo vergänglig syy. Wenn der yyfersüchtig syt ufenander und mitenander händled, syt der denn nit wie alli anderen und lääbed, wie die lääbe? [4] Wenn nämmlig öbber immer no säit: Iich ghöör zum Paulus, aber en andere: Iich zum Apollos – mönscheleds denn nit byyn ech?

Wie d Gmäin cha waggse

[5] Was isch scho dä Apollos? Was isch scho dä Paulus? Diener sy si, won ech zum Glaube gfüert häi, esoo wies der Heer beedne gee het. [6] Iich ha gsetzt, der Apollos het Wasser gee; aber Gott hets lo waggse. [7] Der gseied: Nit dää, wo setzt, und au nit dää, wo Wasser git, machts; Gott lots lo waggse. [8] Beed sy glyych, dää, wo setzt, und dää, wo Wasser git. Jeede chunnt sy Loon üüber esoo, wien er sich yygsetzt het. [9] Miir zwee schaffen im Dienscht vo Gott; diir syt sy Acher und sy Bouwäärch.

[10] Dur d Gnaad vo Gott ischs mer gee gsii, ass i wien e guete Boumäischter ha chönne s Fundamänt legge; en andere bout druf uufe; aber jeede mues ufbasse, wien er druf bout. [11] En anders Fundamänt cha äinewääg käine leggen as daas, wo gläit isch; und daas isch Jesus Chrischtus. [12] Öb aber öbber uf das Fundamänt mit Gold, mit Silber, mit Eedelstäi, mit Holz, mit Höi oder mit Strau bout, [13] es chunnt an Daag. Der Daag vom Gricht zäigts nämmlig; sy Füür machts dütlig. Das Füür brüefft jo, was jeede zstand brocht het. [14] Wenn daas, won er uf däm Fundamänt ufbout het, die Brüeffig überstoot, denn isch em der Loon sicher. [15] Aber wenns verbrennt, so het er der Schaade. Äär sälber wiird zwaar gretted, aber er mues wie dur en Aart e Füürbroob duure.

[16] Wüssed der nit, ass diir der Tämpel vo Gott syt und ass der Gäischt vo Gott in ech woont? [17] Wenn öbber der Tämpel vo Gott z grund richted, derno richted Gott äinisch au iin z grund. Der Tämpel vo Gott isch ebe häilig, und diir syt dä Tämpel.

Bilded ech nüt yy!
[18] Niemer sell sech öbbis voormache. Wenn öbber von ech mäint, er syg in dere Wält gscheit, derno mues er zeerscht dumm wäärde zum wiirklig gscheit syy. [19] Was die Wält as gscheit aaluegt, isch nämmlig vor Gott dumm. Es stot jo gschriibe: *Er verwütscht die Gscheite, au wenn si no so hinderlischtig syy.* (Hiob 5,13) [20] Und denn häissts au no: *Gott, der Heer, kennt d Gedanke vo de Gscheite; si sy nüt väärt.* (Psalm 94,11) [21] Drum sell sech niemer öbbis druf yybilde wäg eme Mensch, wo sy Leerer isch,

[22] sygs der Paulus, sygs der Apollos oder der Kefas,
sygs d Wält, sygs s Lääbe oder der Dood,
sygs daas, wo jetz isch, oder daas, wo no chunnt:
Alles ghöört öich,

^{23} aber diir ghööred Chrischtus,
und Chrischtus ghöört Gott.

4 Wie me der Paulus sell gsee

^{1} Esoo sell men ys gsee: As Diener vo Chrischtus und Verwalter vo de Ghäimnis vo Gott. ^{2} Vo de Verwalter erwaarted me jo numme, ass si dröi sy. ^{3} Für mii hets käi Bedütig, öb diir über mii uurdäiled oder e mönschligs Gricht. Au iich sälber gib käi Uurdäil über mii ab – ^{4} i wüsst nit, was i falsch gmacht hät; aber wäge däm luegt mi Gott no lang nit as grächt aa. S Uurdäil über mii fellt äinisch der Heer. ^{5} Drum heebed ech mit Uurdäile zrugg. Wenn der Heer chunnt, bringt er Liecht in daas, wo im Finschtere versteckt isch, und er zäigt, was in de Menschen inne voorgoot. Denn git Gott jeedem Äinzelne s Loob, won er verdient.

Wies den Aposchtel goot

^{6} In däm Sinn, dir Brüederen und Schweschtere, han i vo miir und vom Apollos verzellt. An öisem Byschpil chönned der gsee: Es gilt numme daas, wo in de Schrifte stot. Es sell e käine mit sym Leerer groóss aagee gegen anderi. ^{7} Was isch eso bsunders an diir? Was hesch du, wo de nit üüberchoo hesch? Wenn dus aber üüberchoo hesch, worum bildisch der öbbis druf yy? ^{8} Dir syt jo scho satt, dir syt jo scho ryych und syt ooni öis zu groosse Heere woorde! Jo, wenn der numme wiirklig groossi Heere weered, denn chönnten au miir mit öich zämme regiere.

^{9} Aber mii dunkts, Gott häig öis Aposchtel as die allerletschte Menschen aanegstellt – wie settigi, wo me zum Dood veruurdäilt het. In däm Theater müese mer öisi Rolle spiile vor der Wält, vor den Ängel und vor de Mensche. ^{10} Wäge Chrischtus stönde mer dumm doo, diir aber as verständig;

miir gälten as schwach, diir aber as staark. Öich duet me d
Eer aa, und öis verachted me. [11] Au jetze no häi mer Hunger
und Duurscht und häi nüt Rächts zum Aalegge. Me schloot
ys ab, und mer häi käi Dach über em Chopf, [12] und mer
chrampfen ys ab und schaffe mit öisen äigene Händ. Wenn
ys äinen aabemacht, derno säägne mer en; wenn men ys ver-
folgt, so nämme mers uf ys; [13] wenn men ys schlächt macht,
so blyybe mer äinewääg fründlig; für d Wält ghööre mer zum
Ghüüder, und mer sy immer no der letschti Dräck.

Der Paulus gseet sech as Vatter vo dere Gmäin

[14] I schryyb ech daas nit zum ech wüescht sääge. I wet ech
numme guet zuereede, dir syt jo myni liebe Chinder. [15] Au
wenn der zääduusig Leerer hätted, won ech zu Chrischtus
dete füere, so hätted der doch nit e mängge Vatter; iich bi jo
öiche Vatter woorde, wil ich öich der Guet Bricht vo Jesus
Chrischtus brocht haa.

[16] Drum my Root: Macheds wien iich! [17] Grad wäge däm
han i der Timotheus zuen ech gschickt; är isch my liebs und
dröis Chind und ghöört zum Heer. Äär maant ech draa, ass
iich mit Chrischtus underwäggs bii, und ass ich üüberaal und
in jeedere Gmäin due leere.

[18] Gwüssi Lüt häi sech wichtig gmacht und gsäit, ich chiem
nit zuen ech. [19] Aber wenns der Heer will, chumm i bald
zuen ech und lueg denn nit uf daas, was d Wichtigmacher
sääge; i lueg, was derhinder isch. [20] S Ryych vo Gott isch jo
nit nummen e Woort, nääi, es isch e Chrafft. [21] Was wäit
der: Sell i mit em Stäcke zuen ech choo oder mit Liebi und
Geduld?

5 E ganz e schlimme Fall z Korinth

[1] Überhaupt syn ys schlimmi Sache z Oore choo; bi öich sells

settigi gee, wo ummehuere, soo grässlig, wies nit emol d Häide möche. Äine häig sogaar öbbis mit der Frau vo sym Vatter. [2] Und diir mäined ech no dermit! Derbyy setted der doch druurig syy und dää, wo das gmacht het, uusegheie. [3] Iich bi zwaar nit byyn ech, aber in Gedanke mit ech verbunde; aber i ha s Uurdäil scho gfellt über dää, wo so öbbis Bööses gmacht het. [4] Wenn dir im Naame vo Jesus, em Heer, versammled syt und ich in Gedanke und mit der Chrafft vo Jesus, öisem Heer, byyn ech bi, [5] sell me dää, wo uf Abwääg choo isch, zum Düüfel jaage. Esoo got sy sündhafts Wääse zgrund, aber sy Gäischt wiird am Grichtsdaag vom Heer gretted.

[6] S isch nit guet, ass der no aagääbed dermit. Wüssed der nit, ass e bitzli Suurdäig der ganzi Däig suur macht? [7] Butzed der alti Suurdäig ewägg. Dernoo syt der e nöie Däig, äine, wo nit suur isch. Jesus, wo me gopfered het, isch öises Passalamm. [8] Drum wäi mer das Fescht nit im alte Suurdäig fyyre, au nit im Suurdäig vom Böösen und vom Schlächte – nääi, im ungsüürte Däig vom Suuberen und Woore.

[9] I han ech jo syynerzyt gschriibe, der selled nüt z due haa mit dene Huereböck. [10] Do dermit mäin i aber nit alli Grüüsel vo dere Wält oder die, wo nie gnue gseie, oder Gauner oder Götzediener; süscht müesded der ech jo vo dere Wält zruggzie. [11] Nääi, i han ech gschriibe, der selled nüt z due haa mit äim, wo sech as Brueder usgit und derbyy e Grüüsel isch, oder mit äim, wo nie gnue gseet, e Götzediener isch oder äin, wo leschtered, e Süffel oder e Gauner isch. Mit so äim selled der nit an glyyche Disch sitze. [12] S isch nit my Sach, über die, wo nit zuen ys ghööre, en Uurdäil z felle. Setted der nit die ins Gläis bringe, wo zuen ech ghööre? [13] Über die andere fellt äinisch Gott s Uurdäil. Gheied der Böösi uuse, wo bi öich isch!

6 Wenn zwee mitenander Chrach häi in der Gmäin

[1] Es goot doch nit, ass zwee vo öich, wo mitenander Chrach häi, iri Sach vor e häidnischs Gricht bringe und nit vor die Häilige. [2] Wüssed der denn nit, ass die Häilige äinisch über d Wält richte? Wenn also diir äinisch d Wält selled richte, dernoo setted der doch au guet gnueg syy zum über chläini Sache z uurdäile! [3] Wüssed der nit, ass mer emol sogaar über Ängel z Gricht sitze? Chönne mers denn nit eerscht räct bi Sache, wo all Daag bassiere? [4] Aber diir, wo wäge settigem vor Gricht gönged, setzed Richter yy, wo in der Gmäin nüt gälte. [5] Dir setted ech schämme, ass ich öich daas mues sääge. Isch denn käi Erfaarenen under öich, wo zwüsche Brüedere chönnt schlichte? [6] Nääi, äi Brueder schläipft der ander vor Gricht und eerscht no vor e Gricht vo den Unglöibige!

[7] Jetz isch scho daas e Feeler, ass der mitenander Händel häit. Worum löjed ders nit lieber äifach loo gschee, wenn ech öbber Unrächt duet? Worum löjed der ech nit lieber übers Oor lo haue? [8] Nääi, diir sälber düened Unrächt und haued übers Oor, und das eerscht no bi öichne Brüedere!

[9] Wüssed der äigetlig nit, ass die Ungrächten äinisch s Ryych vo Gott nit chönnen eerbe? Mached ech nüt voor! Käin, wo ummehuered, käin, wo de Götzen aahangt, käin, wo d Ee bricht, käin, wo uf e Strich got, käin, wos mit Buebe drybt, [10] käin, wo stiilt, käin, wo nie gnueg gseet, käin, wo gäärn über e Duurscht drinkt, käin, wo alles und alli in Dräck ziet, und käin, wo anderi uusraubt, eerbt äinisch s Ryych vo Gott. [11] Und settigs häi e baar von ech aagstellt. Aber diir häit ech daas jo alles lo abwäsche und syt ghäiliged. Dir syt im Naame vo Jesus Chrischtus, em Heer, und dur e Gäischt vo öisem Gott grächt gmacht woorde.

Worum me nit sell zue Huere goo

[12] I daarf alles, aber nit alles isch guet für mi; i daarf alles, aber i sell mi vo nüt lo gfange nee. [13] S Ässen isch für e Buuch und der Buuch fürs Ässe; aber Gott macht äinisch en Änd mit beedne. Anderscht isch es mit em Lyyb; er isch nit dänkt für zum en unzüchtigs Lääbe füere, er isch für e Heer bestimmt, und der Heer für e Lyyb. [14] Gott het jo der Heer uferweckt und er duet au öis äinisch uferwecke, wil er d Macht derzue het. [15] Wüssed der äigetlig nit, ass diir mit öichne Köörper d Gliider am Lyyb vo Chrischtus syt? Sell ich öbbe d Gliider vo Chrischtus nee und zu Gliider von ere Huere mache? Uf gaar käi Fall! [16] Wüssed der öbbe nit, ass äine, won ere Hueren aahangt, äi Lyyb mit eren isch? Es häisst jo: *«Die zwöi syn emol äi Lyyb.»* (1. Mose 2, 24) [17] Aber wär em Heer aahangt, isch äi Gäischt mit em. [18] Drum gönged de Hueren us em Wääg! Alli andere Sünde vom ene Mensch häi nüt mit sym Lyyb z due; aber wärs mit Huere drybt, sündiged gege sy äigene Lyyb.

[19] Wüssed der äigetlig nit, ass öiche Lyyb e Tämpel vom Häilige Gäischt in öich isch, vo däm Gäischt, wo der vo Gott häit? Und ass der ech nit sälber ghööred? [20] Es isch e hööche Bryys, wo für öich zaalt woorden isch. Drum isch es nüt as rächt, wenn dir Gott mit öichem Lyyb d Eer aadüened.

7 Sell me hüürooten oder nit?

[1] Aber jetz zu däm, wo der gschriibe häit: E Maa set myner Mäinig nooch äigetlig gaar nüt mit ere Frau z due haa.

[2] Aber ass d Unzucht nit yyrysst, sell jeede sy äigeni Frau haa, und jeedi iren äigene Maa. [3] Maa und Frau sellen enander gee, was si sech schuldig syy. [4] Mit iirem Lyyb ghöört d Frau nit numme sich sälber, näi, au irem Maa. Gnau glyych ghöört au der Maa mit sym Lyyb nit numme sich sälber, näi,

au synere Frau. ⁵ Düened ech nit vonenander zruggzie, es syg denn, es welles bäidi für e Zytli, ass der mee Rue häit für zum Bätte. Denn chömmed wider zämme, ass ech der Düüfel nit verfüert, wil der nit chönned verzichte.

⁶ Das isch nit e Befääl, ich chumm ech mit däm e chly entgeege. ⁷ Es weer mer zwar lieber, es deeten alli esoo lääbe wien ich. Aber jeede het jo sy äigeni Goob vo Gott, der äint die, der ander sälli.

21

Unterschiidligi Lääbesverheltnis – aber e klaari Uusrichtig

⁸ De Leedige und de Witfraue sääg i: Es isch guet für se, wenn si esoo blyybe wien iich. ⁹ Wenn si aber derwääge bloggt sy, selle si hüüroote; das isch jo besser, ass dass se se vor Gluscht fascht verbrennt.

¹⁰ Aber de Ghüürootene befiil ich – näi, nit iich, der Heer: E Frau sell sech nit vo irem Maa drenne. ¹¹ Wenn si aber doch von em ewägg goot, sell si nit wider hüüroote oder denn mit em Maa wider Friide mache. Und der Maa sell sy Frau nit vor d Düür stelle.

¹² Aber allnen andere säg iich – nit der Heer: Wenn e Brueder en Unglöibigi as Frau het und es gfallt eren under sym Dach, so sell er se nit furtschicke. ¹³ Und wenn e Frau en Unglöibige as Maa het und es gfallt iim mit ere under äim Dach, sell si sich nit von em drenne. ¹⁴ Der unglöibigi Maa isch nämmlig dur sy Frau ghäiliged, und die unglöibigi Frau isch dur e Maa ghäiliged. Sünscht weeren öichi Chinder jo unräin; aber jetz sy si häilig. ¹⁵ Wenn aber der unglöibigi Däil will schäide, denn sell er halt. Im ene settige Fall isch dä Brueder oder die Schweschter frei; Gott will jo, ass mir im Friide lääbe. ¹⁶ Wäisch du denn, öb du dy Maa chasch rette, Frau? Und wäisch du, öb du dy Frau chasch rette, Maa?

Jeedes isch berueffe

[17] Jeedes sell esoo lääbe, wies der Heer fürs gmäint het und wies Gott berueffe het. Ich will, ass es esoo isch in jeedere Gmäin.

[18] Isch öbber scho beschnitte gsii, won er berueffe woorden isch, denn sell en das nit stööre! Isch öbber nit beschnitte gsii, denn sell en daas au nit stööre! [19] Es chunnt nit druf aa, öb öbber beschnitten oder nit beschnitten isch – Hauptsach, er halted sech an d Gebott vo Gott. [20] Jeedes sell blyybe, was es gsii isch, wos berueffe woorden isch.

[21] Bisch as Sklaav berueffe woorde? Das sell der nüt uusmache! Und wenn du chasch frei wäärde, so mach öbbis Gscheits us dere Freihäit. [22] Wär, won er vom Heer berueffe woorden isch, e Sklaav gsii isch, dä gilt bim Heer as frei. Und wär as Freie berueffe woorden isch, dä isch e Sklaav vo Chrischtus. [23] Dir syt für düürs Gäld frei gchaufft woorde. Drum selled der nit Sklaave vo Mensche wäärde! [24] Dir Brüederen und Schweschtere, vor Gott sell jeede blyybe, was er gsii isch, won er berueffe woorden isch.

Lääben in schlimme Zyyte

[25] Der Heer het mer käini Wyysige gee, wo die leedige junge Fraue aagönge. Ich säg ech aber glyych my Mäinig. Miir cha me verdroue, wil Gott mit mir Verbaarme ghaa het. [26] Es chunnt jon e schlimmi Zyt. Derno isch es guet für e Mensch, wenn er nit ghüürooten isch. [27] Hesch e Frau? Derno blyb byyn ere! Hesch käini? Derno suech käini! [28] Wenn du aber glyych hüürootisch, denn isch das e käi Sünd. Und wenn e jungi leedigi Frau hüürooted, isch es au e käini. Aber wär ghüürooten isch, für die ischs derno nit äifach. Und ich wetti nit, ass ech daas bassiert.

[29] I sääg ech, Brüederen und Schweschtere: Es isch nümm vill Zyt. Drum selle vo jetz aa die, wo Fraue häi, esoo lääbe, wie wenn si käini hätte. [30] Und die, wo gryyne, wie wenn si

nit dete gryyne; und die, wo sech fröie, wie wenn si sich nit dete fröie; und die, wo öbbis chauffe, wie wenn sis nit dete bhalte; [31] und die, wo d Wält bruuche, wie wenn si se nit dete bruuche. Die Wält, wie si isch, vergoot.

[32] Ich will aber, ass der ech käini Soorge mached. E Leedige luegt zu der Sach vom Heer und will em Heer gfalle. [33] E Ghüürootene luegt zum dääglige Lääbe und wien er der Frau chönn gfalle, und esoo wäiss er nit, wäm sy Häärz ghöört. [34] E Leedigi und äini, wo no nüt mit eme Maa ghaa het, luege zu der Sach vom Heer. Esoo ghööre si mit Lyyb und Seel em Heer. Aber e Ghüürooteni soorgt sich ums dääglige Lääben und wie si em Maa chönn gfalle. [35] Das sääg ich öich zu öichem äigene Voordäil und nit wil ech wet e Strick um e Hals legge. So blybed der in allnen Eere bim Heer und ooni ech lo abzlänke.

[36] Wenn äine mäint, er düegi in ere Frau, won er scho lenger mit ere verlobt isch, unrächt, wenn er se nit hüürooted, derno sell er se numme hüüroote. Gnau glyych, wenn ers nümm ooni sen uushalted. In beede Fäll isch Hüürote käi Sünd. [37] Es cha aber sy, ass äine dieff in sym Häärz überzügt isch und nit under Zwang stot und cha mache, was er will. Wenn sech so äinen entschäided, er well sy Verlobti nit hüüroote, derno macht ers guet. [38] Also: Wär sy Verlobti hüürooted, machts guet; aber wär se nit hüürooted, machts besser. [39] So lang ire Maa läbt, isch e Frau bunde. Aber wenn der Maa gstoorben isch, isch si frei und cha hüüroote, wär si will. Si daarf derbyy aber der Glauben an Heer nit vergässe. [40] Mii dunkts, si isch glückliger, wenn si nümm hüürooted. Und ich glaub, au iich häig der Gäischt vo Gott.

8 Es git vill Götter, aber nummen äi Heer

[1] Jetz no zum Fläisch us em Götzenopfer: Mir wüsse jo alli und es isch ys klaar, was Gott will. Doch s Wüssen eläi blääit

äim nummen uf. Aber d Liebi bout uf. ² Wenn äine mäint, er wüss Bschäid, derno wäiss dää glyych noonig, wie me zu däm Wüsse chunnt. ³ Wenn äinen aber Gott gäärn het, derno kennt en Gott.

⁴ Jetz also zum Fläisch us em Götzenopfer: Mer wüsse jo, ass es uf der Wält käini Götze git und käi Gott – usser äim. ⁵ Allerdings gits soogenannti Götter, sygs im Himmel oder uf der Äärde – es git jo vill Götter und vill Heere.

⁶ Aber für öis gits nummen äi Gott, der Vatter, wo alles gmacht het, und mir ghööre zuen em. Es git nummen äi Heer: Jesus Chrischtus. Dur iin isch alles woorde, au miir.

Wie mes mit em Götzenopfer sell halte

⁷ Aber nit alli wüsse, was Gott will. E baar ässe s Fläisch vom Götzenopfer, wil sis gwöönt syy. Und ires empfindlige Gwüsse lyyded drunder. ⁸ Aber Gott isch es glyych, was mer ässe. Mer häi käi Noodäil, wenn mer nit vom Götzenopfer ässe, und mer häi käi Voordäil, wenn mer dervoo ässe.

⁹ Lueged aber, ass der mit öicher Freihäit die Schwache nit überfoordered. ¹⁰ Wenn duu, wo d wäisch, was Gott will, im Götzetämpel mitissisch, und es gseet di öbber, mäint denn dää nit, er müesi das au mache, wil er im Glaube no unsicher isch? ¹¹ Und dääwääg got wäge diir der Schwachi zgrund, e Brueder, wo doch Chrischtus für en gstoorben isch. ¹² Wenn der ech aber so an de Brüedere versündiged und ires emp-findlige Gwüsse verletzed, derno versündiged der ech au an Chrischtus. ¹³ Wenn aber s Gwüsse vo mym Brueder wäge settigem Fläisch verunsichered wiird, will i lieber nie mee dervoo ässe, ass my Brueder nit wäge miir verunsichered wiird.

9 Was en Aposchtel für Rächt het

¹ Bin i nit frei? Bin i nit en Aposchtel? Han ich nit Jesus, öise Heer, gsee? Syt diir nit my Wäärch für e Heer? ² Wenn i für anderi e käi Aposchtel bi, derno bin is doch für öich; grad diir syt doch s Siigel vom Heer, wo my Aposchtelamt bewyyst. ³ Deene, wo mi aagryffe, sääg i:

⁴ Häi mer öbbe nit au s Rächt, z ässen und z drinken uf Chöschte vo der Gmäin? ⁵ Häi mer öbbe nit au s Rächt, e Frau us der Gmäin z hüürooten und mitznee wie die anderen Aposchtel, d Brüedere vom Heer und der Kefas? ⁶ Äigetlech sette doch iich und der Barnabas s Rächt haa, sälber z schaffe, ass mer chönne lääbe!

⁷ Weele Soldaat zaalt sech der Sold scho sälber? Wär pflanzt e Räbbäärg und isst käini Drüübel dervoo? Und wär hüeted e Häärden und drinkt e käi Milch vo syne Dier? ⁸ Säg i das äifach as gwöönlige Mensch? Oder häissts das nit au im Gsetz? ⁹ Im Gsetz vom Mose (5. Mose 25,4) stot nämmlig gschriibe: *Du sellsch imene Oggs, wo am Dröschen isch, nit e Muulchoorb aalegge.* Macht sech Gott do öbbe Soorgen um d Oggse? ¹⁰ Nääi, er säit so öbbis numme wägen öis. Joo, wägen öis stoot doch gschriibe: *Äine, wo z Acher faart, und äine, wo dröscht, macht das, wil er sich Hoffnigen uf sy Aadäil macht.*

¹¹ Wenn miir scho für öich s Gäischtlige gsääit häi, ischs jo nüt Bsunders, ass mer vo öich äärne, was mer zum Lääbe bruuche. ¹² Wenn anderi schon en Aarächt dodruf häi, häi miir s denn nit eerscht rächt? Aber mir häi uf das Rächt verzichted und näämen alles uf ys, ass mer em Guete Bricht vo Chrischtus nit im Wääg stönde. ¹³ Wüssed der denn nit, ass sälli, wo im Tämpel Dienscht düene, derfüür alles üüberchömme, wo si zum Lääbe bruuche? Und gnau glyych die, wo am Altaar Dienscht düene. ¹⁴ Grad esoo het der Heer deene, wo der Guet Bricht verchünde, gsäit, si selle dervoo lääbe.

Em Paulus sy Loon

[15] Aber iich ha das nit esoo welle. I schryb das jetz nit, wil i mäinti, me müesi miir das alles doch no gee. Lieber deti stäärbe – my guete Rueff lon i mer nit lo kabutt mache! [16] Wenn i nämmlig der Guet Bricht verchünd, mach i das nit für my guete Rueff – i machs, wil i under eme Zwang stand. Es cheemt mi düür z stoo, wenn i der Guet Bricht nit det verchünde. [17] Wenn is freiwillig mach, han i e Loon derfüür. Mach is aber nit freiwillig, ischs doch en Ufdraag. [18] Was chumm i denn für e Loon üüber derfüür? Daas isch my Loon: Ass ich der Guet Bricht gratis verchünd und nüt derfüür üüberchumm, au wenn i öbbis z guet hätt.

Der Paulus isch für alli doo

[19] Äigetlig bin i jo niemerem sy Chnächt, aber i ha mi sälber zum Chnächt vo allne gmacht. Dääwääg chan i immer mee Lüt überzüüge. [20] Für d Juude bin i wie äine vo iine woorde, ass i se besser ha chönnen überzüüge; au für die bsunders Gsetzesdröie bin i äine woorde wie sii – au wenn ich nit under em Gsetz stand – äifach zum sen überzüüge. [21] Sogaar für die, wo käi Gsetz kenne, bin i woorde wie äine vo iine – au wenn i vor Gott e käi Gsetzloose bii, s Gsetz vo Chrischtus gilt für mii. Aber esoo chan i au die, wo ooni Gsetz syy, überzüüge. [22] Für die Schwache bin i e Schwache woorde, ass i se ha chönnnen überzüüge. Für alli bin i alles woorde, ass i uf all Aarten e baar cha rette. [23] Das alles mach i wägem Guete Bricht; esoo chumm i zu mym Aadäil am Guete Bricht.

E Chrischt mues kämpfe

[24] Wüssed der äigetlig nit, ass vo deene, wo im Stadion renne, nummen äine der Bryys cha günne? Drum renned esoo gschnäll, ass der en alli chönned üüberchoo. [25] Alli Wettkämpfer verzichten uf vill, ass si der Chranz chönne günne – sälli e

vergängligen und miir en unvergänglige. ²⁶ Aber iich renn nit äifach drufloos – iich kämpf wien e Boxer, wo nit in d Luft schlot. ²⁷ Im Geegedäil, iich bi nit zimperlig mit mir sälber und muet mym Lyyb vill zue. Dääwääg chan i den andere breedigen und bi sälber glaubwüürdig.

27

10 Was men us däm, wo de Vättere bassiert isch, cha leere

¹ Liebi Brüederen und Schweschtere, i mues ech sääge: Öisi Vättere sy alli under der Wulken und durs Meer gwandered. (2. Mose 14) ² Under dere Wulken und in däm Meer sy si uf e Naame vom Mose daufft woorde, ³ alli häi gässen und drunke, was vom glyyche Gäischt choo isch. ⁴ Was si drunke häi, isch jo us eme gäischtlige Felse choo, wo mit ene gwandered isch; dä Felsen aber isch Chrischtus gsii. ⁵ An de mäischte vo dene Manne het Gott aber käi Fröid ghaa; si sy in der Wüeschti z Dood gschlaage woorde.

⁶ Alles daas isch bassiert zum ys z waarne, ass mer ys nit löje lo verfüere vom Bööse wien e baar vo öisne Vättere. ⁷ Diened au nit de Götze, wies e baar von ene gmacht häi. Es stot gschriibe: *S Volk isch zum Ässen und Drinken abgsässe, und derno sy si ufgstanden und go danze.* (2. Mose 32,6)³ ⁸ Mir wäi au nit ummehuere, wies sällmool e baar gmacht häi; wäge däm sy an äim Daag dreiezwänzgduusig von enen umchoo.⁴ ⁹ Mir wäi au der Heer nit uf d Broob stellen und derno vo de Schlangen umbrocht wäärde, wies sällmool bassiert isch.⁵ ¹⁰ Begäared au nit uf wien e baar vo deene, wo wäge däm umchoo syy.

---

3 Der Danz ums goldig Chalb!

4 4. Mose 25: E Däil Israelite häi sech mit häidnische Fraue yygloo und sech von ene zum Vereere vom Baal lo verfüere.

5 4. Mose 21: S Volk het gege Gott ufbegäärt. As Stroof häi si under giftige Schlange müese lyyde, und vill sy umchoo.

[11] Dääwääg gseie mir am Byschpil vo öisne Vättere, was bassiert, wenn me Gott nit folgt. Daas isch e Waarnig für öis, ass s Änd vo der Wält glyy über ys chunnt. [12] Wär also mäint, er stöndi, dää sell ufbasse, ass er nit umfallt. [13] Bis do aane häit dirs eerscht mit menschliger Versuechig z due ghaa. Aber Gott isch dröi und lot nit zue, ass der esoo uf d Broob gstellt wäärded, ass es über öichi Chrefft got. Esoo schafft er sogaar en Uuswääg, ass der die Broob chönned bestoo.

S Oobemool isch wichtig!

[14] Drum, dir Liebe, löjed d Finger vom Götzedienscht! [15] Ich reed doch mit vernümftige Lüt, dir chönned ech sälber e Mäinig machen über daas, won i sääg. [16] Wenn mer mit em Bächer danke, chunnt denn nit d Gmäinschaft mit em Bluet vo Chrischtus zstand? Und mit em Broot, wo mer bräche, d Gmäinschaft mit em Lyyb vo Chrischtus? [17] Wils äi Broot isch, sy mir alli äi Lyyb. Mir chömme jo alli vom glyyche Broot üüber.

[18] Lueged s Volk Israel aa, wies wiirklig isch. Ghööre dört nit die, wo vom Opferfläisch ässe, zum Altaar im Tämpel? [19] Säg i öbbe dermit, ass s Fläisch vom Götzenopfer oder e Götzebild öbbis Bsunders syg? [20] Nääi, i mäin dermit, ass si daas, wo si opfere, de bööse Gäischter opfere und nit Gott. Ich will aber nit, ass der öbbis mit de bööse Gäischter z due häit. [21] Der chönned nit us em Bächer vom Heer drinken und au no us em Bächer vo de bööse Gäischter; und der chönned nit an Disch vom Heer sitzen und au no an Disch vo de bööse Gäischter. [22] Oder wäi mer der Heer öbben yyfersüchtig mache? Sy mer öbbe steerker as äär?

Daarf me s Götzenopferfläisch ässe?

[23] Es isch alles erlaubt, aber es füert nit alles zum Guete. Es isch alles erlaubt, aber es bringt ys nit alles wyter. [24] Niemer

sell nummen uf en äigene Voordäil us syy, näi, au uf daas, won em anderen öbbis bringt. ²⁵ Ässed alles Fläisch, was uf em Määrt z haa isch. Und frooged nit z vill! Derno müesed der ech noochaanen au käi Gwüsse mache. ²⁶ *D Äärde mit irem ganze Ryychtum ghöört em Heer.* (Psalm 24,1) ²⁷ Au wenn ech äine, wo nit Chrischt isch, yylaaded und der gäärn gönged, ässed alles, was men ech voorsetzt. Und frooged nit z vill, ass der ech noochaane käi Gwüsse müesed mache. ²⁸ Wenn aber öbber zuen ech säit, es syg Opferfläisch, derno ässed nit dervoo, us Rücksicht uf dää, won echs gsäit het, und wägen öichem Gwüsse. ²⁹ I has aber nit vo dym äigene Gwüsse, näi, vo däm vom andere. Worum sell e fremds Gwüsse über myy Freihäit uurdäile? ³⁰ Worum schweerzt me mi a, wenn i gniess und derfüür dank?

³¹ Öb der jetz ässed oder drinked oder sünscht öbbis ma-ched, macheds esoo, ass der Gott eered. ³² Lueged, ass der weder d Juude no d Grieche no d Gmäin vo Gott vor e Chopf stoossed! ³³ Ich läb jo sälber au ganz esoo, ass es allne gfallt. I suech jo nit my äigene Nutze, näi, dää vo den andere, ass si gretted wäärde.

11 ¹ Macheds wien iich, ich brobiers au esoo z mache wie Chrischtus.

Wyysige für d Frauen und Mannen im Gottesdienscht

² I duen ech rüeme, wil dir bi allem an mii dänked und ech an alles halted, won ich öich wytergee haa.

³ Der müesed wüsse, ass jeede Maa under Chrischtus stoot, und d Fraue stönden under em Maa; aber Chrischtus stoot under Gott. ⁴ Jeede Maa, wo langi Hoor het und dääwääg bätted oder prophezeit, dä laaded Schand uf sich. ⁵ Und jeedi

Frau, wo ires Hoor nit uufegnoo het und dääwääg bätted oder prophezeit, die laaded Schand uf sich; me mäint denn, si syg äini, wo gschooren isch. [6] Wenn si ires Hoor nit ufsteckt, so cha si sich jo grad so guet d Hoor lo abschnyyde. Wil sichs aber für e Frau nit ghöört, ass si sich d Hoor lot lo abschnyyden oder sich lot lo schääre, derno sell sis eben ufstecke.[6]

[7] E Maa sell sech nit lon e Frisuur mache, er isch jo s Abbild und der Abglanz vo Gott; aber d Frau isch der Abglanz vom Maa. [8] Der Maa isch jo nit vo der Frau gnoo, nääi, d Frau vom Maa. [9] Der Maa isch nit wäge der Frau gschaffe, nääi, d Frau wägen em Maa. [10] Drum selle d Fraue wäge den Ängel e Zäichen uf em Chopf drääge, ass me gseet, ass si under der Huube syy.[7] [11] Vor Gott em Heer gits d Frau nit ooni der Maa und der Maa nit ooni d Frau. [12] Wie d Frau vom Maa chunnt, esoo au der Maa dur d Frau; aber alles chunnt us Gott.

[13] Überlegged emol: Ghöört sichs für e Frau, ass si ooni Schleier bätted? [14] Leert ech nit d Natuur, ass es e Schand isch für e Maa, wenn er langi Hoor het, [15] aber für e Frau isch es en Eer? Anstatt e Schleier het si langi Hoor.

[16] Wenn aber öbber wäge däm wetti händle – miir häi daas nit im Bruuch, au die andere Gmäinde nit.

Wyysige fürs Oobemool

[17] Was i jetz sääg, befiil i: I finds nit guet, ass es bi öich nit besser, nääi schlimmer wiird, wenn der zämmechömmed. [18] Zeerscht emol ghöör i, ass es bi öich Spaltige git, wenn der in der Gmäin zämmechömmed, und zum Däil glaub i das au. [19] Die Differänzen under ech sy nöötig, ass me gseet, wäär sech vo öich bewäärt het. [20] Au wenn der am glyychen Oort zämmechömmed, isch das no lang käi Oobemool wie

---

6 Mer übersetze glyych wie die nöii Züüribiible!
7 Villicht spiilt der Paulus uf 1. Mose 6,2 aa.

vom Heer. [21] Jeeden isst jo zeerscht daas, won äär mitbrocht het; und der äint het no Hunger, aber der ander het scho über e Duurscht drunke. [22] Chönned der denn nit dehäi ässen und drinke? Oder häit der käi Respäkt vor der Gmäin vo Gott und häit der käi Gspüüri für die, wo nüt häi? Was sell i do derzue sääge? Sell ech öbben au no rüeme? In deere Sach han i nüt z rüeme!

[23] Was ich öich wytergee haa, han ich vom Heer ghöört sääge: In der Nacht, wo me Jesus, der Heer, verroote het, het er s Broot gnoo, [24] het Gott dankt, hets abenander brochen und gsäit: Das isch my Lyyb für öich. Mached daas zum Aadänken an mii. [25] Noch em Ässe het er au der Bächer gnoo und gsäit: Dä Bächer isch der nöi Bund, won ich my Bluet derfüür gee haa. Immer, wenn der drus drinked, so macheds zum Aadänken an mii. [26] Nämmlig immer, wenn der das Broot ässed und us däm Bächer drinked, verchünded der, ass der Heer für öis gstoorben isch, bis er wider chunnt.

[27] Wär also gedankeloos vo däm Broot isst oder us em Bächer vom Heer drinkt, dä macht sich schuldig am Lyyb und am Bluet vom Heer. [28] Jeede sell sich brüeffen und eerscht denn vom Broot ässen und us em Bächer drinke. [29] Wäär dervoo isst und drinkt und der Lyyb vom Heer nit vo gwöönligem Ässen underschäided, dä richted sich sälber. [30] Wäge däm gits bi öich vill Chranki und Schwachi, und nit weeni sy gstoorbe. [31] Wenn mer mit öis sälber ins Gricht giengte, wüürde mer nit grichted. [32] Wenn mer aber vom Heer grichted wäärde, will er ys dermit erzie, ass mer nit zämme mit der Wält veruurdäilt wäärde. [33] Drum, myni Brüederen und Schweschtere, wenn der zum Ässe zämmechömmed, so waarted ufenander. [34] Wenn öbber aber fescht Hunger het, derno sell er voraane dehäi ässe; dääwääg wäärded der nit grichted, wenn der zämmechömmed. Der Räscht will i reegle, wenn i derno zuen ech chumm.

12 Der Gäischt vo Gott schafft Klaarhäit

[1] Liebi Brüederen und Schweschtere, jetz chumm i zu de Begoobige, wo der Häilig Gäischt git. Doo drüüber will ich öich nit im Unklaare loo. [2] Dir wüssed, wies ech gangen isch, wo der no Häide gsii syt: Es het ech mit Hut und Hoor zu de stumme Götzebilder aanezooge, jo sogaar aanegrisse. [3] Drum sääg ech jetz klipp und klaar: Niemer, wo sech vom Gäischt vo Gott lot lo läite, säit: Verfluecht isch Jesus! Und numme, wär sech vom Häilige Gäischt lot lo läite, cha sääge: Jesus isch der Heer.

Der Häilig Gäischt git de Mensche die unterschiidligschte Goobe

[4] D Goobe vom Häilige Gäischt sy underschiidlig verdäilt, aber es isch der glyych Gäischt. [5] Und es git verschiideni Dienscht, aber es isch der glyychi Heer. [6] Und d Chrefft sy underschiidlig verdäilt, aber si chömme vom glyyche Gott, wo alles in allne zstand bringt. [7] Jeedem isch der Gäischt gee, ass er der Gmäin cha nützlig syy.

[8] Em äinte het der glyych Gäischt d Goob gee, vo der Wyyshäit z reede, im en andere vo der Erkenntnis, [9] im enen andere der Glaube. Wider en andere cha häile, [10] en andere cha Wunder wiirke, wider en andere het der prophetisch Wytblick, non en andere cha d Gäischter underschäide, wider en andere cha in Zunge reede,[8] und en andere cha die Reede düüte. [11] Aber daas alles chunnt vom glyyche Gäischt, wo jeedem daas zudäilt, won äär will.

Äi Lyyb – vill Gliider

[12] Mit Chrischtus isch es wie mit em Lyyb: Der Lyyb het vill

---

8 1. Korinther 14.

Gliider, und doch sy die äi Lyyb. ¹³ Au öis het men alli in äim äinzige Gäischt daufft und doorum sy mer alli äi Lyyb: Juuden und Grieche, Sklaaven und Freii. Öis allne het me vo äim äinzige Gäischt z drinke gee.

¹⁴ Au der Lyyb het vill Gliider und nit nummen äi äinzigs. ¹⁵ Der Fuess cha lang sääge: Wil i nit e Hand bii, ghöör i nit zum Lyyb. Er ghöört glyych derzue. ¹⁶ Au s Oor cha lang sääge: Wil i nit en Aug bii, ghöör i nit zum Lyyb. Es ghöört glyych derzue. ¹⁷ Wenn der ganz Lyyb Aug weer, wo blybti denn s Ghöör? Wenn er ganz Ghöör weer, wie chönnt er denn öbbis schmecke? ¹⁸ Aber jetz het Gott alli Gliider gmacht und jeedem sy Ufgoob gee, wien äärs het welle.

¹⁹ Wenn aber alles äi Gliid weer, wo blybti denn der Lyyb? ²⁰ Jetz gits zwaar vill Gliider, aber nummen äi Lyyb. ²¹ S Aug cha nit zu der Hand sääge: I bruuch di nit. Oder der Chopf zu de Füess: I bruuch ech nit. ²² Es isch esoo: Die Gliider vom Lyyb, wo me mäint, si syge die schwechere, sy nöötig. ²³ Und die, won ys weeniger wäärt dunken am Lyyb, deene düene mer um so meer Eer aa. Und bi deene, won ys unaaständig dunke, luege mer bsunders uf en Aastand. ²⁴ Die aaständige Gliider bruuche das nämmlig nit. Gott het der Lyyb esoo gmacht, ass die weeniger füürnääme grössseri Eer üüberchömme. ²⁵ Dääwääg gits im Lyyb käi Spaltig und d Gliider luege zunenander. ²⁶ Und wenn äi Gliid lyyded, derno lyyden alli anderen au; und wenn äi Gliid geert wiird, fröits au die andere.

²⁷ Diir aber syt der Lyyb vo Chrischtus, und jeeden Äinzelne e Gliid dervoo. ²⁸ Die äinte het Gott in der Gmäin yygsetzt as Aposchtel, die anderen as Prophete, wider anderi as Leerer; denn gits no Wunderchrefft, Goobe zum Gsundmache, zum Hälfe, zum Läiten und alli Aarte Zungereede. ²⁹ Sy öbben alli in der Gmäin Aposchtel oder Propheten oder Leerer, häi öbben alli Wunderchrefft? ³⁰ Chönnen alli gsund mache? Reeden alli in Zunge? Chönnen alli uuslegge?

³¹ Gäbed ech Müej, ass der die gröössere Gooben üüber-
chömmed. Und iich zäig ech no vill e bessere Wääg.

13 Über d Liebi

¹ Wenn i in de Sprooche vo de Menschen und sogaar in deer
vo den Ängel reed, aber d Liebi nit haa, so bin i nummen e
Gloggen us Metall oder sünscht e luti Schälle. ² Und wenn
i wien e Prophet reed und alli Ghäimnis wäiss und alli Er-
kenntnis haa und alle Glaube, ass i cha Bäärge versetze, aber
d Liebi nit haa, so bin i nüt. ³ Und wenn i alls giib, won i
haa, ass anderi z ässe häi, und wenn i my Lyyb giib und me
mi as Märtyrer verbrennt, aber bi all däm d Liebi nit haa,
so nützts nüt.

⁴ D Liebi het e lange Schnuuf, d Liebi isch güetig, d Liebi
isch nit yyfersüchtig,
d Liebi git nit hööch aa,
si macht sich nit wichtig.
⁵ Si macht nüt Unghöörigs,
si isch nit uf en äigene Voordäil us,
si wiird nit wüetig,
si dräit niemerem nüt nooch.
⁶ Si fröit sich nit über öbbis Ungrächts, si fröit sich aber
an der Woored.
⁷ Si cha alles verdrääge,
si glaubt alles,
si hofft alles,
si nimmt alles uf sich.
⁸ D Liebi höört nie uf. Öb s jetz Reeden us Yygääbig isch,
Zungereeden oder Erkenntnis, die häi emol en Änd. ⁹ Öisi
Yysicht isch nämmlig Stückwäärch und öises prophetische
Reeden au. ¹⁰ Wenn aber daas chunnt, wo vollkommen isch,
denn höört s Stückwäärch uf! ¹¹ Won i e Chind gsii bii, han

i gschwätzt wien e Chind, ha überläit wien e Chind und ha Schlüss zooge wien e Chind; won i e Maa woorde bii, han i s chindlige Wääsen abgläit. [12] Jetz gseie mer wie im ene Spiegel en undütligs Bild. Aber äinisch wiird das Bild au für öis ganz klaar. Jetz gseen i numme chlyyni Stückli, aber äinisch gseen i s Ganzi, es isch jo denn au über mii alles klaar.

[13] Es blyybe der Glaube, d Hoffnig und d Liebi, aber am grööschte vo deene drei isch d Liebi.

14 Vom Zungereeden und vom prophetische Reede

[1] Syt uf d Liebi uus, gäbed ech aber au Müej, ass der d Goobe vom Häilige Gäischt üüberchömmed, bsunders, ass der chönned us Yygääbig reede. [2] Wär nämmlig in Zunge reeded, reeded nit für d Mensche, nääi, für Gott; niemer verstot en jo; dur e Gäischt reeded er ghäimnisvoll. [3] Wär aber prophetisch reeded, richted d Menschen uf, er reeded nen ins Gwüssen und drööschted se. [4] Wär in Zunge reeded, dued sich sälber öbbis zlieb; aber wär prophetisch reeded, richted d Gmäin uuf. [5] My Wunsch isch zwaar, ass der alli in Zunge reeded, no mee aber, ass der us Yygääbig reeded. Äine, wo us Yygääbig reeded, isch gröösser as äine, wo in Zunge reeded, es syg denn, er läits au uus zum d Gmäin ufzrichte.

[6] Jetz aber, liebi Brüederen und Schweschtere, wenn iich zu öich cheem und in Zunge det reede, was hätted der für e Nutze dervoo, wenn ich nit us Offebaarig, us Erkenntnis, us Yygääbig oder as Leerer zuen ech det reede? [7] Ischs nit au esoo mit Muusiginstrumänt, zum Byschpil mit ere Flööten oder mit ere Haarfe? Wenn si nit verschiideni Döön mache, wie sell me denn meerke, was uf der Flööten und was uf der Haarfe gspiilt isch? [8] Wenn d Posuune nit e klaar Signaal git, wäär rüschted sich denn für e Kampf? [9] Soo ischs au

mit öich. Wie cha me meerke, was der mäined, wenn der in Zunge reeded und nit in düütlige Woort? Esoo reeded der jo nummen in Wind. ¹⁰ So vill Sprooche gits uf der Wält, und mit allne cha me sech verständige. ¹¹ Wenn i e Sprooch nit verstand, bin i für dää, wo reeded, e Fremden und äär für mii au. ¹² Das gilt au für öich: Wenn der scho so yyfrig uf d Gäischtesgooben us syt, denn lueged, ass d Gmäin öbbis dervo het, wo blybt.

¹³ Drum sell öbber, wo in Zunge reeded, bätte, ass ers cha uuslegge. ¹⁴ Wenn i nämmlig in Zunge bätt, so bätted my Gäischt; my Verstand wiirft derbyy aber nüt ab. ¹⁵ Wie ischs jetze? I will mit em Gäischt bätte, aber au mit em Verstand. Und wenn i bim Singe Gott due loobe, denn will i au daas mit em Gäischt und mit em Verstand due. ¹⁶ Wenn du der Loobbryys mit em Gäischt säisch, wie sell öbber, wo sich nit uskennt, s Amen zu dym Dankgebätt sääge, wenn er nit verstot, was du säisch? ¹⁷ Dys Dankgebätt isch villicht schöön, aber der ander het nüt dervoo. ¹⁸ I dank Gott, ass i meer in Zunge reed as diir alli. ¹⁹ Aber wenn d Gmäin versammled isch, will i lieber mit Verstand fümf Wöörter bruuche, für zum anderi z underwyyse, as zääduusig Wöörter mit Zungereede.

²⁰ Loosed, Brüederen und Schweschtere, dänked nit wie Chinder; aber wenns ums Bööse goot, denn syged unschuldigi Chinder. Zäiged mit öicheren Yysicht, ass der ryff syt. ²¹ Im Gsetz stoot:

I will zu däm Volk reede dur Lüt mit ere fremde Sprooch, wo me nit verstot, aber au esoo loose si nit uf mii, säit der Heer. (Jesaia 28,11–12)

²² Wäge däm isch s Zungereede für die, wo glaube, e käi Zäiche, numme für die, wo nit glaube. D Woort, wo Gott öis yygit, die sy nit für die, wo nit glaube, aber für die, wo glaube. ²³ Stelled ech voor: Die ganzi Gmäin isch nöime zämmechoo, und alli reeden in Zunge. Derno chömme settigi

yyne, wo sich nit uskennen oder wo nit glaube: Sääge die derno nit: Spinned der äigetlig? [24] Wenn aber alli us Yygääbig reeden und es chunnt äinen yyne, wo nit glaubt oder sich nit uskennt, denn nämmen en alli in d Zangen und under d Lubbe. [25] Was in sym Häärz versteckt isch, chunnt füüre, er got uf d Chnüü und bätted Gott aa und säit lut: *Gott isch wiirklig in öich!*

37

Der Gottesdienscht in der Gmäin

[26] Wie isch das jetz bi öich, diir Brüederen und Schweschtere? Immer, wenn der zämmechömmed, chunnt jeedem e Psalm in Sinn, oder er erkläärt öbbis, oder er het en Offebaarig, oder er reeded in Zunge, oder er chas uuslegge. Daas alles sell der Glaube steerke. [27] Bim Zungereede selle zwee, höggschtens drei z Woort choo, und schöön der Rääie noo. Und äin sells uuslegge. [28] Wenn niemer doo isch, wos cha uuslegge, derno sell me schwyygen in der Gmäin und mit sich sälber und mit Gott reede. [29] Vo de Prophete selle zwee oder drei reede, und die andere selle derzue en Urdäil abgee. [30] Wenn aber en andere, wo doosizt, en Offebaarig üüberchunnt, so sell dää, wo grad am Reeden isch, dermit ufhööre. [31] Dir chönned nämmlig alli der Rääie noo prophetisch reede, esoo ass alli öbbis dervoo häi und drööschted wäärde. [32] D Prophete dörfe sich vo irnen Yygääbige nit äifach lo dryybe. [33] Gott het jo d Unoornig nit gäärn, nääi, er isch für e Friide.

Wies üüberaal bi de Häilige der Bruuch isch, [34] selle d Fraue still syy, wenn d Gmäin für e Gottesdienscht zämmechunnt. Es isch ene jo verbotte z reede; si selle sech underoordne, wies vom Gsetz verlangt isch. [35] Wenn si aber öbbis wäi leere, so selle si dehäi der Maa frooge; es isch jon e Schand für e Frau, wenn si reeded, wenn d Gmäin für e Gottesdienscht zämmechunnt. [36] Isch öbbe s Woort vo Gott vo öich usgange? Oder isch es numme zu öich choo?

³⁷ Wenn äine mäint, er syg e Prophet oder der Gäischt red zuen em, so sell er meerke, ass daas, won ich öich schryyb, e Gebott vom Heer isch. ³⁸ Wenn er sech aber nit drum kümmered, so kümmered diir ech au nit um iin. ³⁹ Also, myni Brüederen und Schweschtere, gääbed ech Müej, us Yygääbig z reede, und möched nüt gege s Zungereede. ⁴⁰ Aber alles sell mit Aastand und in der Oornig bassiere.

15 D Hauptsach vom Glaube

¹ Liebi Brüederen und Schweschtere, i maan ech an Guet Bricht, won ich öich verchünded haa. Der häit en jo au aagnoo und lääbed mit Überzüügig dernoo. ² Esoo wäärded der gretted, wenn ders dääwääg bhalted, wien echs verchünded haa. Es müesd scho syy, der weered vergääbeds zum Glaube choo.

³ Zeerscht emol han ich öich jo wytergee, was ich sälber au üüberchoo haa:
Ass Chrischtus gstoorben isch für öisi Sünde, wies in de Schrifte stot.
⁴ Me het en begraaben
und er isch am dritte Daag uferweckt woorde, wies au in de Schrifte stot.
⁵ Er het sich em Kefas zäigt und denn de Zwölf.
⁶ Drufaabe het er sech mee as fümfhundert Brüederen uf äinisch zäigt. Die mäischte vo deene lääbe jetz no, e baar sy aber gstoorbe. ⁷ Druf het er sech em Jakobus zäigt, und noochaanen allnen Aposchtel. ⁸ Aber zletscht het er sech miir zäigt, miir, dere Missgebuurt.
⁹ Ich bi nämmlig der Gringschti vo den Aposchtel. I bis gaar nit wäärt, ass me mer Aposchtel säit, wil i d Gmäin vo Gott verfolgt haa. ¹⁰ I verdanks numme Gott, ass i bii, was i bii. Sy Gnaad für mii isch nit für nüt gsii; i ha jo mee gschafft

as alli andere – aber nit iich sälber, nääi, d Gnaad, wo Gott mir gschänkt het.

[11] Öbs jetz iich bi oder die andere: Esoo breedige mer, und esoo syt diir zum Glaube choo.

Ooni Ufersteeig isch der Glaube nüt wäärt

[12] Wenn men aber vo Chrischtus breediged, er syg vo de Dooten uferweckt woorde, wie chönne denn e baar vo öich bhaupte: Niemer cha vo de Dooten uferstoo.

[13] Wenns aber e käi Ufersteeig vo de Doote git, denn isch au Chrischtus nit uferweckt woorde. [14] Wenn aber Chrischtus nit uferweckt woorden isch, denn isch öisi Breedig hool und öiche Glauben au. [15] Mer weere jo denn au faltschi Züüge für Gott, wil mer gege Gott usgsäit hätte, er häig Chrischtus uferweckt, won er jo gaar nit hät chönnen uferwecke, wenn Dooti nit uferweckt wäärde.

[16] Wenn nämmlig Dooti nit uferweckt wäärde, isch au Chrischtus nit uferweckt woorde. [17] Wenn aber Chrischtus nit uferweckt woorden isch, denn isch öiche Glaube nüt wäärt, denn hangen ech öichi Sünden immer no aa. [18] Au die, wo im Glauben an Chrischtus gstoorbe syy, sy denn verloore. [19] Wenn mer in däm Lääben ooni Grund uf Chrischtus ghofft häi, so sy mer mee z beduuren as alli andere Mensche.

Chrischtus isch der Eerschti, wo uferstanden isch

[20] Aber es isch jon esoo: Chrischtus isch as Eerschte vo deene, wo gstoorbe syy, vo de Dooten uferweckt woorde. [21] Wie der Dood dur äi Mensch choo isch, so chunnt au d Ufersteeig vo de Doote dur äi Mensch. [22] Esoo wie nämmlig alli stäärbe wie der Adam, esoo wäärden au alli wider lääbig gmacht wie Chrischtus.

[23] Jeede schöön der Rääie noo, wies für iin bestimmt isch: Zeerscht Chrischtus, dernoo, wenn er wider chunnt, die, wo

zu Chrischtus ghööre. ²⁴ Denn chunnts Ändi, wenn er Gott, em Vatter, s Ryych übergit, wenn er alli Gwalten und alli Mächt und alli Chrefft z nüt gmacht het. ²⁵ Chrischtus mues nämmlig der Heer syy, *bis em Gott alli Find under d Füess gläit het* (Psalm 110,1). ²⁶ Als letschte Find wiird der Dood vernichted. ²⁷ *Alles het er jo under syni Füess gläit.* (Psalm 8,7) Wenns aber häisst, alles syg under iim, derno ischs klaar: Dää, won em alls underwoorfe het, isch sälber nit under iim. ²⁸ Wenn aber Gott alles underwoorfen isch, denn underwiirft sich au der Suun sälber däm, wo iim alles underwoorfe het. Esoo isch denn Gott alles in allem.

Was äim vor der Ufersteeig cha bassiere

²⁹ Was chönnt das nütze, ass sech e baar von ech für settigi, wo ooni Dauffi gstoorbe sy, löje lo dauffe? Wenn die Doote jo gar nit uferweckt wäärde, worum löje sech denn die für se lo dauffe? ³⁰ Und für waas sy miir Stund für Stund in Gfoor? ³¹ Ich lueg em Dood Daag für Daag in d Auge; das isch grad eso woor, wie ass iich, liebi Brüederen und Schweschtere, bi Jesus Chrischtus, öisem Heer, wägen öich guet aagschriibe bi. ³² Für waas hätt i z Ephesus gege die wilde Dier kämpft, wenns nummen um my Lääben as Mensch gange weer? Wenn die Doote nit uferweckt wäärde, *derno chönne mer jo grad so guet ässen und drinke, moorn sy mer äinewääg doot.*⁹ ³³ Möched ech nüt voor! «Schlächti Gsellschaft verdiirbt die guete Sitte.»¹⁰ ³⁴ Dänked doch äinisch ganz nüechter über ech nooch und sündiged nit! E baar bi öich wüsse nämmlig gaar nüt vo Gott; zu öicher Schand mues i das sääge.

Wie wäärde die Dooten uferweckt?

³⁵ Es chönnt aber äine frooge: Wie wäärde die Dooten ufer-

---

9 Jesaja 22,13.
10 Das isch e Zitat us de Wäärch vom griechische Dichter Menander.

weckt? Mit was für eme Lyyb chömme si derhäär? [36] E Naar
bisch! Was den in d Äärde sääisch, cha jo au nit lääbig wäärde,
wenns nit stiirbt. [37] Was de sääisch, isch jo nit der Lyyb, wos
sell gee; es isch nummen e Chöörnli, öbs jetz Wäize syg oder
öbbis anders. [38] Gott git däm Chöörnli e Lyyb, wien äärs het
welle, jeedem Soome sy äigene Lyyb.

41

[39] Nit jeedes Fläisch isch s glyyche Fläisch: D Mensche häi äis,
s Vee het en anders, d Vöögel en anders und d Fisch nomol en
anders. [40] Es git Köörper, wo zum Himmel ghööre, und es git
Köörper, wo zu der Äärde ghööre; aber die vom Himmel häi
en andere Glanz as die vo der Äärde. [41] D Sunne het nit der
glyych Glanz wie der Moond. Und nomol en andere Glanz
häi d Stäärne; e Stäärn underschäided sech jo vom enen andere
dur sy Glanz. [42] Esoo isch es au mit der Ufersteeig vo de Doo-
te. Was in d Äärde gsääit wiird, vergoot; was uferweckt wiird,
vergoot nit. [43] Was gsääit wiird, isch aarmseelig, und wenns
uferweckt wiird, isch es in der Heerligkäit. Was in Schwechi
gsääit wiird, wird uferweckt in Chrafft. [44] Was gsääit wiird,
isch e natüürlige Lyyb, was uferweckt wiird, isch e gäischtige
Lyyb.

Wenns e natüürlige Lyyb git, so gits au e gäischtige. [45] Esoo
stots au gschriibe: *Der eerschti Mensch, der Adam, isch e lääbigs
Wääse woorde,* der letschti Adam[11] wiird zum Gäischt, wo lää-
big macht. [46] Aber der gäischtig Lyyb isch nit der eerschti, näi,
der natüürlig ischs; der gäischtig chunnt eerscht noochaane.
[47] Der eerscht Mensch chunnt vo der Äärde, er isch iirdisch;
der zwöiti Mensch chunnt us em Himmel. [48] Wie dä iirdisch
Mensch sy alli Iirdische; und wie dä vom Himmel sy alli vom
Himmel. [49] Und wie mer d Gstalt vom Iirdische ghaa häi, häi
mer derno emol au d Gstalt vom Himmlische.

---

11 1. Mose 2,7; gmäint isch Jesus.

E nöi Chläid, wo nümm vergoot

50 Das sääg ich, liebi Brüederen und Schweschtere: Fläisch und Bluet chönne s Ryych vo Gott nit as Eerb üüberchoo; und daas, wo vergoot, cha nit d Unstäärbligkäit as Eerb üüberchoo. 51 Lueged, ich sääg ech e Ghäimnis: Mer stäärben äinisch nit alli, aber mer wäärden alli verwandled. 52 Und daas bassiert blötzlig, ums Ummeluege, bi der letschte Posuune. Wenn me die ghöört, denn wäärde die Dooten uferweckt und vergönge nümm, und miir wäärde verwandled. 53 Daas, wo vergoot, mues e Chläid aalegge, wo nümm vergoot; und daas, wo stiirbt, mues e Chläid aalegge, wo nümm stiirbt. 54 Wenn aber daas, wo vergoot, s Chläid aaläit, wo nit vergoot, und daas, wo stiirbt, s Chläid, wo nit stiirbt, denn erfüllt sech s Woort, wo gschriibe stot:

Undergange isch der Dood und verwandled in Siig.
(Jesaja 25,8)
55 *Wo isch dy Siig, Dood?*
Wo isch dy Stachel, Dood? (Hosea 13,14)
56 Em Dood sy Stachel aber isch d Sünd, und d Sünd het iri Chrafft wägem Gsetz. 57 Danked alli Gott; äär git ys dur Jesus Chrischtus, öise Heer, der Siig.

58 Doorum, mini liebe Brüederen und Schweschtere, wäärded fescht und nit unsicher, und gönged immer ganz uuf im Wäärch vom Heer! Der wüssed jo, ass öichi Aarbet für e Heer nit für nüt isch.

16 D Sammlig für d Gmäin z Jerusalem

1 Jetz aber no wäge der Sammlig für die Häilige (z Jerusalem): Mached s glyych, wien ichs de Gmäinde z Galatie befoole haa. 2 Immer am eerschte Daag vo der Wuche sell jeede von ech öbbis uf d Syte legge, so vill, wien er chaa. Nit ass men eerscht fot afo sammle, wenn i denn chumm. 3 Und wenn

i byyn ech bii, derno will i settigi, wo sich in öichnen Auge derfüür äigne, mit Brief und öichne Gooben uf Jerusalem schicke. [4] Wenns ech aber derwäärt isch, ass ich au gang, räise mer zämme.

Wo der Paulus will aaneräise

[5] Ich chumm zuen ech, wenn i dur Mazedonie gräist bii; i nimm nämmlig der Wääg döört duure. [6] Wenn s mööglig isch, blyb i e chly byyn ech, villicht sogaar der ganz Winter. Derno chönned der mi begläite, wenn i wyterräis. [7] Ich will ech ebe jetz nit numme so gschnäll gsee; i det nämmlig gäärn e chly byyn ech blyybe, wenn mi der Heer lot. [8] Z Ephesus blyb i aber bis an der Pfingschte. [9] Döört isch miir e Düüre für my Wiirke wyt ufgange; aber i ha au vill Geegner.

[10] Wenn denn der Timotheus chunnt, lueged druuf, ass er byyn ech käi Anggscht mues haa. Er läit sech jo zümftig an Laade für e Heer wien iich au. [11] Drum sell en au niemer aabemache. Rüschted en uus, und zwaar ooni mitenander z händle, ass er guet zu miir chunnt. Ich waart uf en zämme mit de Brüedere.

[12] Über e Brueder Apollos selled der aber wüsse: Däm han i scho mänggisch zuegreeded, er sell mit de Brüedere zuen ech choo; aber er het äifach nit jetz scho welle choo. Er chunnt aber, wenns em basst.

Aawyysigen an d Gmäin

[13] Blybed wach, fescht im Glaube, syged muetig und staark! [14] Löjed ech bi allem vo der Liebi lo läite!

[15] I maan ech aber au no an öbbis anders, liebi Brüederen und Schweschtere: Der kenned d Familie vom Stephanas. Si sy die eerschte Chrischte z Achaja gsii und häi sech um die Häilige kümmered. [16] Wäge däm selled au diir mache, was sii und alli andere sääge, wo mitschaffen und sich yysetze.

¹⁷ I fröi mi, ass der Stephanas, der Fortunatus und der Achaikus choo syy. Die häi mer nämmlig daas chönne gee, wo diir nit häit chönne. ¹⁸ Si häi miir und öich in der Seel guet doo. Nämmed settigi aa!

Grüess

¹⁹ D Gmäinden in der Brovinz Asie schicken ech Grüess. Au der Aquila und d Priska und d Gmäin in irem Huus schicken ech vill Grüess im Naame vom Heer. ²⁰ Alli Brüederen und Schweschtere schicken ech Grüess. Gääbed ech zum Grüessi- säägen e häilige Schmutz!

²¹ Und do schryb i sälber e Gruess aane. ²² Wenn öbber der Heer nit gäärn het, sell er verfluecht sy. Maranata! **12** ²³ D Gnaad vo Jesus, em Heer, sell mit ech sy! ²⁴ Ich han ech alli gäärn, wil mer alli zu Jesus Chrischtus ghööre!

---

12 Aramäisch: Öise Heer chunnt!

DER ZWÖIT KORINTHERBRIEF

1 Begrüessig

[1] Iich, der Paulus, wo dur e Wille vo Gott en Aposchtel vo Jesus Chrischtus woorde bi, und der Timotheus, öise Brueder, schryyben an d Gmäin vo Gott z Korinth und an alli Häilige im ganzen Achaia: [2] D Gnaad und der Friide vo Gott, öisem Vatter, und vo Jesus Chrischtus, em Heer, sell mit ech syy!

48

Gott het Verbaarmen und drööschted

[3] Mer wäi Gott, der Vatter vo Jesus Chrischtus, öisem Heer, loobe. Vo iim chunnt alli Barmhäärzigkäit und er isch der Gott, wo alli drööschted, [4] au öis, wos schweer häi. Esoo chönne miir die drööschte, wo au vill Schweers häi. Dä Droscht, wo mir vo Gott üüberchömme, gääbe mir an die andere wyter. [5] Grad esoo, wie d Lyyde vo Chrischtus hüffewyys über öis chömme, wäärde mer au vo Chrischtus ganz fescht drööschted. [6] Miir müesen undeduure, ass diir Droscht und Häil üüberchömmed. Und miir wäärde drööschted, ass diir Droscht häit. Dää hilft bsunders denn, wenn diir die glyyche Lyyde wi miir mit Geduld drääged. [7] Mer sy ganz sicher in öiser Hoffnig für öich, wil mer wüsse: Grad esoo, wi dir am Lyyde mitdrääged, chömmed der au Droscht üüber.

[8] Liebi Brüederen und Schweschtere, der döörfed rueig wüsse, ass mer in der Brovinz Asien in die grööschte Schwiirigkäite groote syy. Döört ischs für öis unsäägig schweer gsii, es isch über öisi Chrefft gange, und mer häi sogaar Anggscht um öises Lääbe ghaa. [9] Dieff inne häi mer dänkt: Jetz müese mer sicher stäärbe. Daas isch ys bassiert, ass mir nit uf öis sälber verdroue, nääi, uf Gott, wo die Dooten uferweckt. [10] Äär het ys vor em sichere Dood gretted, und mir hoffe, er düeg ys au in Zuekumft immer wider rette. [11] Do hilfts, wenn au diir für öis bätted. Esoo danke vill Lüt an öiser Stell für das Gnaadegschänk, wo miir üüberchoo häi.

Der Aposchtel isch offen und eerlig

[12] Mer sy derfüür bekannt und öises Gwüssen isch Züüge derfüür, ass mer öises Lääben uf der Wält und vor allem bi öich esoo häilig und suuber lääbe, wies Gott erwaarted. Und daas bassiert nit, wil mir bsunders gscheiti Mensche syy, nääi, wil ys Gott gnäädig isch. [13] Mer schryyben ech jo nüt anders, as was der chönned lääsen und au verstoo. Ich hoff aber, ass der äinisch alles ganz verstönded. [14] E Stück wyt häit der ys jo scho verstande, vor allem daas, ass miir und diir an däm Daag, wo Jesus, öise Heer, chunnt, für enander e Züügnis syy.

[15] In däm Verdroue han i zeerscht welle zuen ech choo, ass der d Gnaad e zwöits Mool üüberchömmed. [16] Vo öich uus han i uf Mazedonie welle räise, und vo Mazedonie wider zu öich zrugg, ass dir mit mir chönned uf Judäa choo. [17] Isch das öbbe lyychtsinnig gsii vo miir, ass ich so öbbis ha welle? Oder isch my Blaan z menschlig und nit äidütig?

[18] Gott isch Züüge, ass dä Brief do an öich nit esoo gmäint isch. [19] Iich und der Silvanus und der Timotheus häi jo bi öich der Suun vo Gott, Jesus Chrischtus, verchünded. Bi iim häissts nit äinisch Nääi und denn Joo, bi iim gilt numme s Joo. [20] Bi allem, wo Gott verhäisse het, zäigt sich das Joo; und wäge däm chönne mer derzue Amen sääge, und esoo loobe mer Gott. [21] Äär ischs au, wo öis im Glauben an Chrischtus der Rugge steerkt und öis gsalbt het. [22] Er het ys au sy Siigel ufdruckt und der Gäischt as Pfand in öises Häärz gläit.

Worum der Aposchtel nümmen uf Korinth chunnt

[23] I rüeff Gott as Züügen aa bi myner Seel, ass i nümmen uf Korinth choo bi, wil i nümm ha welle mit ech chääre. [24] Mer wäi nit befääle, was der z glaube häit, nääi, mer fröien ys mit ech, ass der überhaupt glaubed.

2 [1] I ha mer voorgnoo, i well nit wider druurig zuen ech choo. [2] Denn wenn ich öich druurig mach, wär cha mi derno ufhäitere? Doch numme dää, won i druurig gmacht haa! [3] Und das han i gschriibe, ass i nit vo deene druurig gmacht

wiird, won ich äigetlig set chönne Fröid an ene haa, wenn i chumm; i bi sicher, ass myy Fröid öich alli aasteckt. [4] Wil i bedrückt gsii bii und im dieffschte Häärzen Anggscht ghaa haa, han i öich under vill Drääne gschriibe, nit öbbe, ass der setted druurig syy, nääi, ass der gspüüred, wie fescht ich öich gäärn haa.

Me sell au chönne vergee

[5] Wenn aber öbber e druurigi Stimmig verbräited het, het er nit mii druurig gmacht, nääi, äigetlig, ooni z überdryybe, öich alli. [6] Für so äine längts, ass er vo de mäischte Lüt gschnitte wiird. [7] Descht mee setted diir em vergee und en drööschte. Dääwääg gheit er nit ganz in e Loch. [8] Doorum maan ech draa: Zäiged em, ass der en gäärn häit. [9] I han ech jo au gschriibe, wil i ha welle luege, öb der öich bewääred und öb der immer mached, was der setted. [10] Däm, wo diir öbbis vergääbed, vergib au iich. Wenn i überhaupt öbbis z vergee ghaa haa, derno han i das gmacht wägen öich – und Chrischtus hets gsee. [11] Dääwääg chan ys der Düüfel nit übers Oor haue; mir wüsse jo, was er voorhet.

Vo Troas uf Mazedonie

[12] I bi uf Troas choo für zum der Guet Bricht vo Chrischtus z breedige, und e Düür isch mer ufgmacht woorde, nämmlig vom Heer. [13] Do ischs mer ganz gschmuech woorde, wil i der Titus, my Brueder, nit gfunde haa. I ha deene vo Troas Adie gsäit und bi uf Mazedonie.

Was es bruucht, ass men en Aposchtel cha syy

[14] Mer wäi Gott danke, ass er ys mit Chrischtus lot lo tri-
umphiere; der Glauben an iin, wo mir üüberaal verbräite,
schmeckt guet.[1] [15] Für Gott schmecke mir guet wäge Chrisch-
tus – mer schmecke guet für die, wo gretted wäärde, und für
die, wo verloore gönge. [16] Für die äinte schmecke mer wie
der Dood, für die andere wie s Lääbe. Wär cha das scho vo
sech sääge? [17] Miir bryyse jo s Woort vo Gott nit uf e billigi
Aart und Wyys aa, wies anderi mache; nääi, mir mäines eerlig
und häi d Yygääbig vo Gott; drum wüsse mer, ass mer vor
Gott as Chrischte verantwoortlig syy.

3

[1] Fönge mer wider aa, öis sälber in e guets Liecht z stelle?
Oder bruuche mer öbbe wie gwüssi Lüt Empfääligsschryybe
für öich oder vo öich? [2] Diir syt öise Brief; dää isch in öises
Häärz gschriibe; alli Mensche wüsse dervoo, alli chönnen en
lääse. [3] Me wäiss jo vo öich, ass dir e Brief vo Chrischtus syt,
wo dur öisi Mithilf gschriibe woorden isch; nit mit Dinte,
nääi, mit em Gäischt vo Gott, wo läbt, und au nit uf Stäi-
daafele, nääi, ins Häärz us Fläisch und Bluet.

[4] Wäge däm und wäge Chrischtus häi mer e settigs Verdroue
zu Gott. [5] Mir chönne nit us äigener Chrafft öbbis dänke,
wie wenns vo öis sälber cheem, nääi, die Chrafft chunnt vo
Gott; [6] äär het ys zu Diener vom nöie Bund gmacht, nit
vom Buechstaabe, nääi, vom Gäischt häär; der Buechstaabe
nämmlig dööded, aber der Gäischt git s Lääbe.

---

1 Anspielung auf die röm. Triumphzüge, bei denen wohlriechende Kräuter verbrannt wurden. Da
bei dieser Gelegenheit die Gefangenen sowohl getötet als auch begnadet wurden, war der » Wohl-
geruch« den einen ein Geruch »zum Tode«, den anderen »zum Leben«. [Anmerkung aus: Die
Heilige Schrift – Das Neue Testament und die Psalmen, 3. Auflage der Kleinausgabe 1982, R. Brock-
haus Verlag AG Wuppertal (=Revidierte Elberfelder Übersetzung)]

Der alt und der nöi Bund

[7] Wenn aber dä dooti Buechstaabe, wo in Stäi yygraaben isch, zu son ere Heerligkäit choo isch, ass s Volk Israel em Mose nit ins Gsicht het chönne luege, wil er eso gstraalt het – derbyy isch dää Glanz jo vergange! – [8] wie sett denn nit daas, wo der Gäischt wiirkt, no mee lüüchte? [9] Wenn scho der Wääg vom Gsetz, wo jo nit zum Häil cha füere, son e Glanz bewiirkt het, so füert der Wääg vo der Grächtigkäit no zum ene vill heerligere Glanz. [10] Drum nimmt der heerligi Glanz vom nöie Bund em alte Bund, wo doch au glänzt het, sy Glanz ewägg. [11] Wenn daas, wo vergot, Heerligkäit isch, so isch daas, wo blybt, eerscht rächt Heerligkäit.

[12/13] In der groosse Hoffnig sy mer zueversichtlig und maches nit wie der Mose, wo sy Gsicht zuedeckt het, ass d Israelite nit hätte selle gsee, wie der Glanz ewägg goot. [14] Aber si sy steckchöpfig gsii. Bis uf e hütige Daag blybt die Decki uf em Alte Teschtamänt ligge, wenn sis lääse; si wiird nit ewägg gnoo, wil das numme dur Chrischtus cha gschee; [15] und bis uf e hüttige Daag lyt, wenn si der Mose lääse, e Decki uf irem Häärz. [16] Wenn si aber der Heer aanämme, isch die Decki grad ewägg. [17] Der Heer isch der Gäischt; wo aber sy Gäischt isch, döört isch d Freihäit. [18] Wenn mir dääwääg frei woorde sy, gseet men uf öisem Gsicht d Heerligkäit vom Heer wie im ene Spiegel. Der Gäischt vom Heer verwandled ys in sy Bild, in luter Heerligkäit.

4 D Aposchtel löje d Woored lo uuflüüchte

[1] Wil Gott mit ys Verbaarme ghaa het, verliere mer im Aposchtelamt der Muet nit. [2] Im Geegedäil! Mir häi vill Sache, wo me sech derwääge müest schämme, nit gmacht: Mer sy nit as Schlitzoore dur d Wält; mer häi s Woort vo Gott nit verhunzt, nääi, mer häi immer d Woored füüreghoolt, esoo, ass

mer weder vor Gott no vor de Menschen e schlächts Gwüsse
müese haa.

3 Aber wenn men öise Guet Bricht nit cha verstoo, so
chönnes numme die nit verstoo, wo verloore gönge. 4 Das
sy settigi, wo sech vo wältlige Sache löje lo läite statt vo
Gott. Drum sy d Gedanke vo den Unglöibigen eso fescht
durenand brocht, ass ene s Liecht vom Guete Bricht und
vo der Häiligkäit vo Chrischtus nit cha ufgoo. Derbyy
isch Chrischtus jo s Eebebild vo Gott. 5 Mer breedige nit
öisi äigenen Idee, nääi, mer reede vo Jesus Chrischtus, äär
isch der Heer; miir aber wäi iim z lieb öich diene. 6 Gott
het jo gsäit: *Es sell Liecht choo us der Finschternis.* (1. Mose
1,3) Är het e hälle Schyyn in öises Häärz gläit, esoo, ass
mir s Lüüchte vo Gott uf em Gsicht vo Chrischtus dütlig
gseie.

E Verstand wien e Gschiir us Doon

7 Mir bewaare dä Schatz in Gschiir us Doon uuf, wo chön-
ne verbräche. Dääwääg meerkt me, ass die unghüür groossi
Chrafft vo Gott chunnt und nit vo öis. 8 Vo üüberaal häär
setzt men öis zue, aber me chan ys nit in d Ängi dryybe; me
will ys unsicher mache, aber mer verzwyyfle nit; 9 me verfolgt
ys, aber mer wäärde nit im Stich gloo; me drambbled uf ys
umme, aber me duet ys nit grad dööde; 10 öisi Lyyde zäige,
wie fescht as mer s Stäärbe vo Jesus mit ys ummedrääge; und
dääwääg zäigt sech an öis au s Lääbe vo Jesus. 11 Denn wägen
öisem Glauben an Jesus wäärde mer allewyyl em Dood us-
gliifered. Esoo schyynt dur öisi Vergängligkäit s Lääbe vo
Jesus duure. 12 Und in öis wiirkt eender der Dood, in öich
aber s Lääbe. 13 Öis dräit aber der glyych Gäischt vom Glaube,
wie me von em cha lääse: *I ha glaubt, drum han i gredt.* (Psalm
116,10) Esoo ischs au bi öis: Mer glaube, drum reede mer
dervoo, 14 wil mer wüsse, ass der Glyych, wo Jesus, der Heer,

uferweckt het, au öis äinisch uferweckt, zämme mit Jesus. Denn stellt er öis alli zämme vor sich aane.

D Heerligkäit, wo chunnt

[15] Alles bassiert jo wägen öich, ass d Gnaad immer gröösser wiird. Esoo danken immer mee Lüt Gott und sy Eer waggst. [16] Und doorum verliere mer der Muet nit. Der üsseri Mensch vergoot immer mee, aber der inneri wiird vo Daag zu Daag nöi ufbout. [17] Was ys doon eso z schaffe macht, isch vergänglig und lyycht, wenn mes mit der Heerligkäit verglyycht, wo eewig isch und unändlig vill mee bedüüted. [18] Das isch öisi Mäinig. Miir luege jo nit uf daas, wo me gseet, nääi, uf daas, wo me nit gseet. Was me gseet, isch vergänglig, aber was me nit gseet, isch eewig.

5 [1] Mer wüsse: Doo uf der Wält häi mer nummen e Zält, won emol abbroche wiird; aber im Himmel häi mer e Huus, wo Gott für öis bout het. Daas häi nit Mensche bout, es stoot für d Eewigkäit. [2] Wäge däm süüfzge mer jo au, wil mer fescht druf blange, ass ys öises Huus vom Himmel obenaabe wien e Chläid aagläit wiird. [3] Esoo stönde mer derno äinisch nit blutt doo. [4] Solang mer no lääbe, süüfzge mer und drääge schweer. Mer wäi nämmlig nit, ass mer mit nüt doostönde, aber ass ys s himmlische Chläid aagläit wiird. Dääwääg sell s Lääbe daas verschlucke, wo am Mensch stäärblig isch. [5] Mer sy vo Gott druf voorberäited, und är het öis der Gäischt as Pfand gee.

[6] Wäge däm sy mer immer zueversichtlig und wüsse: Mer sy no in öisem stäärblige Lyyb dehäi, und mer sy wyt ewägg vom Heer underwäggs. [7] Mer glaube scho, au wenn mer noonig alls gseie. [8] Mer sy aber zueversichtlig und wetten am liebschte stäärben und weeren esoo dehäim bim Heer.

[9] Drum gäbe mer ys alli Müej, ass mer em Heer gfalle, dehäi oder underwäggs. [10] Mer müese jo alli emol vors Gricht vo Chrischtus choo, ass jeeden üüberchunnt, was er verdient het. Derbyy chunnts druf aa, öb er guet oder böös gläbt het.

S Lääbe chunnt e nöii Richtig üüber

[11] Wil mer wüsse, ass mer vor em Heer au müesen Anggscht haa, setze mer alls draa, ass d Mensche zu iim chömme. Gott wäiss über ys Bschäid. Ich hoff aber au, ass diir in öichem Innerschten über öis Bschäid wüssed. [12] Wenn mer so öbbis sääge, wäi mer ys nit bi öich in e guets Liecht stelle, nääi, diir selled äifach uf ys stolz syy. Esoo häit der öbbis in der Hand gege die, wo numme wägen irem Üssere stolz syy und nit wäge däm, wo si im Häärz häi. [13] Wenn mer vor Begäischterig ganz us em Hüüsli gsii sy, denn isch das für Gott gsii; wenn mer aber bi Verstand syy, derno ischs für öich. [14] D Liebi vo Chrischtus git ys Halt. Äinen isch für alli gstoorbe, daas häisst, ass alli gschtoorbe sy – doo dervo sy mer überzügt. [15] Und är isch für alli gstoorbe, ass alli, wo lääbe, nit äifach an sich dänke, nääi, ass si für dää lääbe, wo für se gstoorben und uferweckt woorden isch.

E Chrischt isch e ganz e nöi Gschöpf

[16] Und wäge däm luege mer jetz niemer me nummen as Mensch vo Fläisch und Bluet aa; und au wenn mer Chrischtus as Mensch kennt häi, gseie mer en jetz nümm esoo. [17] Drum isch also e Mensch, wo an Chrischtus glaubt, e ganz nöi Gschöpf. Alles, was vooraane gsii isch, isch duure, und lueged, alles isch nöi woorde. [18] Das chunnt alles vo Gott. Äär het ys dur e Chrischtus mit sich sälber versöönt und ys der Ufdraag gee, die Versöönig z breedige. [19] Gott isch jo in Chrischtus gsii und het d Wält mit sich sälber versöönt. Er het de Menschen iri Verfeelige nit zur Lascht gläit und lot der Bricht vo der Versöönig lo verchünde.

²⁰ Esoo sy mer Botschafter vo Chrischtus, und Gott ermaant dur öis; mir bitten im Naame vo Chrischtus: Löjed ech lo versööne mit Gott! ²¹ Denn er het däm, wo nüt vo Sünd gwüsst het, wägen öis alli Sünden ufglaade, ass miir dur iin vor Gott grächt doostönde.

56

6 ¹ Miir as Mitarbäiter maanen ech draa, ass der d Gnaad vo Gott nit für nüt selled üüberchoo haa. ² Gott säit jo:

I ha di ghöört, wos Zyt für d Gnaad gsii isch,
und wos Zyt fürs Häil gsii isch, han i der ghulfe.

(Jesaja 49,8)

Lueg, jetz isch es Zyt für d Gnaad, und lueg, jetz isch es Zyt fürs Häil!

D Chrafft vo Gott

³ Mer stoosse niemer vor e Chopf, ass öises Amt nit in e schlächts Liecht chunnt. ⁴ Immer und üüberaal zäige mer ys as Diener vo Gott: Wenn mer vill Geduld häi, wenn mer under Druck stönde, in der Noot, wenn mer Anggscht häi, ⁵ wenn mer Schleeg üüberchömme, in de Gfängnis, wenns Uufruer git, wenn mer undeduure müese, in schloofloose Nächt, im Faschte, ⁶ wenn mer käi liederligs Lääbe füere, wenn mer d Erkenntnis häi, wenn mer mit andere Geduld häi, wenn mer mild syy, im häilige Gäischt, in ere Liebi, wo nit hüüchled, ⁷ wenn mer d Woored sääge, wenn mer d Chrafft vo Gott gspüüre, wenn mer mit de Waffe vo der Grächtigkäit aagryffen und ys weere, ⁸ wenn men ys eert und wenn men ys aabemacht, wenn mer im schlächten und wenn mer im guete Rueff stönde, wenn men ys as Verfüerer aanestellt und mer doch d Woored sääge, ⁹ as die, wo me kennt und doch nit kennt, as settigi, wo am Stäärbe syy – und lueged, mer lääbe doch –, as die, wo me blogt, aber me bringt ys nit um, ¹⁰ as die Druurigen und

doch immer Fröölige, as Aarmi, wo doch vill Mensche ryych mache, as die, wo nüt und doch alles häi.

Düened öiches Häärz uuf!

[11] Diir Korinther, mer häi offe zuen ech gredt und öises Häärz wyt ufgmacht. [12] Miir sy offen uf ech zuegange, aber öichi Häärze sy nit rächt ufgange. [13] I schwätz mit ech, wie wenn der myni Chinder weered; möcheds au esoo wie miir und düened öiches Häärz wyt uuf.

[14] Löjed ech nit zämme mit den Unglöibige lo yyspanne. Waas het denn d Grächtigkäit mit der Ungrächtigkäit z due? Was het s Liecht mit der Finschteri z due? [15] Was het Chrischtus mit em Düüfel z due? Und was het äine, wo glaubt, mit äim z due, wo nit glaubt? [16] Was het der Tämpel vo Gott mit de Götze z due? Miir sy doch der Tämpel vo däm Gott, wo läbt. Esoo hets Gott jo gsäit:

Ich will byn ene woonen und mit enen underwäggs
und ire Gott syy, und sii selle my Volk syy.
(3. Mose 26, 11-12)
[17] *Wäge däm säit der Heer: Gönged furt von enen*
und schlöjed en andere Wääg yy. Länged nüt Unräins aa,
derno will ich öich aanee
[18] *und öiche Vatter syy,* (Jesaja 52,11)
und diir selled myni Süün und Döchtere syy .
Daas säit der allmächtigi Heer. (Jeremia 31,9)

7 [1] Wil öis daas versproche woorden isch, myni Liebe, wäi mer nüt machen und dänke, wo Gott nit guet finded. Us Achtig vor Gott wäi mer ys Müej gee, as gueti Chrischte z lääbe.

[2] Düened öiches Häärz wyt uf für öis! Mer häi niemerem öbbis z läid doo, mer häi niemer z Grund grichted und niemer übers Oor ghaue. [3] Ich sääg das nit für zum öich veruur-

däile; ich ha jo schon emol gsäit, ass mer ech in öisem Häärz drääge. Esoo stäärben und lääbe mer mit öich. ⁴ Ich ha volls Verdrouen in öich, ich ha groossi Stück uf öich; ich bi ganz drööschted, und au wenn mer under Druck stönde, han ich e groossi Fröid.

Der Aposchtel will mit der Gmäin Friide mache

⁵ Wo mer nämmlig uf Mazedonie choo sy, häi mer käi Ruej ghaa; vo allne Syte sy si uf ys loos choo: Usse Kampf, in ys Anggscht. ⁶ Aber Gott, wo die uufrichted, wo dunde syy, het der Titus gschickt und öis drööschted. ⁷ Aber das isch nit numme gsii, wil er zuen ys choo isch, nääi, der Bricht, won er von ech brocht het, het ys drööschted. Er het verzellt, wie dir blangt häit, wie der langi Zyt ghaa häit, und wie der für mii yygstande syt. Esoo han i mi no vill mee chönne fröie.

⁸ Au wenn ich öich mit däm Brief druurig gmacht haa, duets mer gaar nit läid. Ich has zwaar beröit, won i gsee haa, ass ech sälle Brief – wenn au numme für churzi Zyt – druurig gmacht het. ⁹ Jetz aber fröi i mi – nit öbbe, wil der druurig gsii syt – nääi, doo drüüber, ass ech daas zur Buess gfüert het. Daas alles isch der Wille vo Gott. Und überhaupt müesed der käi Noodäil haa wägen öis. ¹⁰ Der syt ebe druurig, wil das Gott eso will; daas füert derzue, ass der wägen öicher Buess gretted wäärded – und daas mues me nit beröie. Wenn me sich aber vo Wältligem lot lo druurig mache, bringt äim das numme der Dood. ¹¹ Aber lueged, grad wil der eso druurig gsii syt, wil Gott das het welle, het das in öich vill guete Wille füüreghoolt. Der häit ech afo verdäidige, der häit ech ufgregt über daas, wo bassiert isch, der häit Anggscht ghaa und langi Zyt, der häit ech eryyfered und die Schuldige gstrooft. Dääwääg häit der zäigt, ass der in der ganze Sach suuber doostönded. ¹² Ich han ech jo nit gschriibe, wil mer äin vo öich an Chaare gfaaren isch, und au nit, wil mi äine

schlächt gmacht het, nääi, ich han ech gschriibe, ass Gott gseet, wie yyfrig dir öich an Laade gläit häit für öis. [13] Daas het ys drööschted.

Zu öisem Drooscht isch no derzue choo – und das het ys ganz fescht ufgstellt -, ass diir em Titus e Fröid gmacht häit, wils em bi öich lyycht ums Häärz woorden isch. [14] I han ech byn em grüemt und ha noochäär rächt üüber choo. Wie alles woor isch, wo miir öich gsäit häi, esoo het sech au daas as rächt uusegstellt, ass mer öich bim Titus eso grüemt häi. [15] Diir häit byn em e groosse Stäi im Brätt, wil er draa dänkt, wie der uf en gloost häit und wies ech anggscht und bang gsii isch, wo der en ufgnoo häit. [16] I han e Fröid, ass i mi in allne Däilen uf öich cha verloo.

8 Über d Kollekte

[1] Liebi Brüederen und Schweschtere, mer brichten öich, wie Gott de Gmäinde z Mazedonie d Gnaad gschänkt het. [2] Si häi vill Schweers müese duuremachen und sech derbyy be- wäärt; doorum häi si sech derno au ganz fescht gfröit. Und au wenn si scho muusaarm syy, häi si ganz e Huffe gspänded, wil si e guet Häärz häi. [3] I bi Züüge derfüür, ass si freiwil- lig mee gee häi, ass si äigetlig hätte müese. [4] Si häi byn ys gstüürmt, ass si au döörfe mithälfe für die Häilige z soorge. [5] Und daas nit äifach esoo, wie mir ghofft häi, nääi, si häi sich sälber gee, zeerscht em Heer, und denn öis, esoo wies Gott het welle. [6] Doorum häi mer em Titus zuegreeded, ass er die Spändesammlig bi öich duureziet, wenn er schon emol dermit aagfange het.

[7] Aber vo allem häit diir mee as gnueg – im Glaube, im Breedige, in der Yysicht, im Yyfer und in der Liebi, wo mir in öich gweckt häi – derno gäebed jetz au groosszüügig bi dere Spändesammlig. [8] Verstönded settigs nit as Befääl, nääi, es got

mer drum, öichi Liebi uf d Broob z stellen und uusezfinde,
öb si ächt isch. Anderi gäbe sech jo au eso vill Müej wie diir.
[9] Der wüssed doch vo der Gnaad vo Jesus Chrischtus, öisem
Heer: Äär, wo ryych gsii isch, isch wägen öich aarm woorde,
ass diir derduur ryych wäärded.

[10] Myyner Mäinig nooch nützt öich das jo. Der häit ech
s letscht Joor scho derzue entschlossen e Sammlig z mache,
und der häit dermit aagfange. [11] Jetz füereds z Änd, so guet,
ass ders chönned. Esoo blybts nit numme bim Welle. [12] Isch
der guet Wille doo, derno isch er willkomme mit däm, won
er mitbringt, und nit mit däm, won er nit mitbringt. [13] Der
selled nit zweenig haa, wil men andere mues hälfe – es got
jo mee um en Usglyych. [14] Jetz grad häit der mee, as der bruu-
ched, und chönned mit däm, wo der zvill häit, deene hälfe,
wo zweenig häi. Spööter ischs villicht emol umkeert; dääwääg
gits en Usglyych. [15] Es stot jo gschriibe: *Wär vill gsammled
het, dä het käi Üüberfluss ghaa, und wär weenig gsammled het,
dä het käi Mangel müese lyyde.* (2. Mose 16,18)

Uf waas ass me mues luege bi der Kollekte

[16] Mer danke Gott, ass er em Titus der glyych Yyfer für öich
ins Häärz gläit het. [17] Er isch uf öisi dringendi Bitt yygange;
und wil er bsunders yyfrig isch, het er sich freiwillig uf e Wääg
zu öich gmacht. [18] Mer häin em grad der Brueder mitgee, wo
in allne Gmäinde gschetzt isch, wil er der Guet Bricht eso guet
verchünded. [19] Aber er isch au vo de Gmäinde gweelt woorde,
ass er öis sell begläite, wenn mir zu Eere vo öisem Heer und
zum Zäiche vo öisem guete Wille die Goobe bringe. [20] Esoo
mues niemer e dumm Muul ha wäge dere groosse Spänd, wo
mer bringe. [21] Es isch ys nämmlig wichtig, ass es mit rächte
Dinge zue und häär got, nit numme vor em Heer, nääi, au
vor de Mensche. [22] Mit allne deene, wo scho underwäggs sy,
häi mer öise Brueder gschickt; däm sy Yyfer häi mer scho uf

all Aarten under d Lupe gnoo; und jetz isch er no vill yyfriger, wil er e grooses Zuedroue zuen ech het.

[23] Was jetz der Titus aagot: Er isch my Früünd und my Mitarbäiter, won i zuen ech gschickt haa. Was öisi Brüederen aagot: Die sy vo de Gmäinde gschickt, und d Liebi vo Chrischtus lüüchted in ene. [24] Zäiged de Gmäinde, ass der se gäärn häit und ass mer öich mit Rächt grüemt häi, esoo, ass es alli häi chönne gsee.

61

9 Stönded zu öichem Verspräche

[1] Es isch gar nit nöötig, ass ich öich schryyb, wie der für die Häilige selled soorge. [2] I wäiss jo, wie gäärn der das mached, und han ech drum au vor de Mazedonier esoo grüemt: Achaia isch scho sit eme Joor baraad! Öiches Byschpil het die mäischte von enen aagspoornt. [3] Drum schick ich öich die Brüedere, ass sich öises Loob für öich in dere Sach nit in Luft uflööst. Nääi, der selled baraad syy, wien ichs öich gsäit haa. [4] Wenn die vo Mazedonie mit mer chömmen und meerke, ass diir nit baraad syt, derno weere mer beedi blamiert, wil mer ys uf öich verloo häi. [5] Doorum han is nötig gfunde, die Brüedere vorewägg zuen ech z schicke. Esoo chönne si mit öich zämme die Goobe, wo diir zum voorus versproche häit, zwääg mache. Dääwääg ischs e Säägesgoob und gseet nit schääbig us.

Gääbed grooszüügig

[6] Dänked draa: Wär weenig sääit, cha numme weenig äärne; und wär ryychlig sääit, cha ryychlig äärne. [7] Jeede sell gee, wien er sichs bi sich sälber voorgnoo het, nit öbbe wiiderwillig oder wil er mues; Gott het dää gäärn, wo frööli öbbis git. [8] D Gnaad vo Gott kennt e käi Gränze, drum soorgt är derfüür, ass dir vo allem immer gnueg und au für anderi no öbbis füür häit. [9] Esoo stots jo gschriibe (Psalm 112,9):

Er het verdäilt und den Aarme gee;
sy Grächtigkäit blybt immer und eewig.

[10] Dää, won em Buur der Soome zum Sääie git und s Broot zum Ässe, dää git au öich äinisch Soomen und lot en lo wachsen und lot d Frücht vo öicher Grächtigkäit lo gröösser wäärde.

Was d Kollekte sell

[11] Esoo wärded der ryych in jeedere Beziejig, ass der chönned freigiibig syy ooni Hindergedanke; und dääwääg drääge mer derzue byy, ass d Lüt Gott danke. [12] Im Dienscht vo dere Sammlig hälfe mer nit numme de Mitchrischten uuf, wo undeduure müesen und nüt z bysse häi, nääi, mer hälfen au mit, ass vill Mensche Gott bsunders fescht danke. [13] Wenn diir das esoo möched, derno bryyse d Lüt Gott. Denn esoo halted dir ech an daas, wo im Guete Bricht stot, und der bekenned ech derzue. Dääwääg zäiged der au, ass ech an iinen und allne Menschen öbbis glääge isch. [14] Und wenn si für ech bätte, häi si langi Zyt nach öich, wil si gseie, wie Gott bi öich sy üüberryychi Gnaad lot lo wiirke. [15] Mer wäi Gott danke für sy unbegryyflig groosses Gschänk.

10 Der Paulus verdäidiged sich

[1] Iich sälber, der Paulus, mues jetz emol en äärnschts Woort mit ech reede, au wenn i wäiss, ass Chrischtus sanftmüetig und güetig isch. Der wäärfed mer voor, ass i der Schlyymer spiil, wenn i byn ech bii, und mii as staarke Maa giib, wenn i wyt von ech ewägg bii. [2] Es weer mer rächt, wenn der mi nit deded zwinge, der staark Maa z spiile, wenn i byn ech bii. I nimms scho mit deenen uf, wo mer voorwäärfe, bi miir düegs z fescht menschele. [3] Mir sy jo Menschen us Fläisch und Bluet, aber mer gääbe nit allne Glüscht nooch. [4] Mir

bruuche nit irdischi Waffen im Kampf; nääi, öisi Waffe sy staark im Dienscht vo Gott und chönne doorum Buurgen abrysse. [5] Mir boodige dermit alli überheeblige Gedanke, wo mache, ass mer ys gege Gott uflääne. Au diir müesed ech Chrischtus underwäärfe. [6] Wenn dir das yygsee häit, sy mer baraad, jeede zrächtzwyyse, wo nit spuurt.

Isch der Paulus glaubwüürdig wäge synere Vollmacht?

[7] Lueged numme, das springt äim jo in d Auge! Wenn äine sech druf verlot, ass er zu Chrischtus ghöört, dää sell draa dänke, ass miir gnau esoo wien äär zu Chrischtus ghööre! [8] Au wenn i non e gröössere Stolz hätt wäge der Vollmacht, wo öis der Heer gee het – zu öichem Nutze, und nit zum öich aabemache –, derno deet i mi dermit nit blamiere. [9] Es sell nit so usgsee, ass i öich mit dene Brief hätt wellen e Schreck yyjaage. [10] D Lüt sääge: Syni Brief häi Gwicht und Chrafft, wenn er aber sälber doo isch, macht er en erbäärmligen Yy-druck, und was er säit, gilt nüt. [11] Mit öise Briefe sääge mer öich vo wyt ewägg, was der z due häit; gnau glyych isch es mit däm, wo mer mache, wenn mer byyn ech syy.

Mer wäi nit z hööch aagee

[12] Mir gedrouen ys ebe nit, öis zu deene z zellen und öis mit deene z verglyyche, wo vo sech sälber yygnoo syy. Die häi esoo weenig Verstand, ass si sich sälber zum Maasssтаab nämmen und sich an sich sälber mässe. [13] Miir sälber wäin ys aber nit üübermeessig rüeme, nääi, numme so vill, wies Gott zuelot; mer verdankes iim, ass mer bis zu öich häi chönne choo. [14] Es isch jo nit esoo, ass mir öis zvill wäi rüeme. Me hätt chönne mäine, mer schaffes nit bis zu öich; aber mer sy mit em Guete Bricht vo Chrischtus doch bis zu öich choo. [15] Mir sy au nit üübermeessig stolz uf öbbis, wo anderi gläischted

häi. Mer hoffen aber glyych, ass au öisen Yyfluss bi öich vill gröösser wiird, wenn öiche Glaube waggst. [16] Denn chönne mer der Guet Bricht wyt über öiches Gebiet uuse verchünde. Au denn wäi mer ys aber nit mit fremde Fäädere schmücke. [17] *Wäm am Äigeloob gläägen isch, sell draa dänke, ass alles Loob Gott ghöört.* (Jer 9, 23f.) [18] Mit Rächt gilt numme dää öbbis, wo vom Heer in e guets Liecht gstellt wiird und nit dää, wo sich sälber rüemt.

11 Isch der Paulus e Lööli und e Blagööri?

[1] Wenn i doch nummen emol in öichnen Augen au e chlyy ungschickt dörft syy! Aber i darf s jo au! [2] Ich kämpf um öich mit groossem Yyfer wie Gott sälber. I ha öich wien e jung Mäitli mit äim Maa, mit Chrischtus, verlobt. [3] Ich ha aber Anggscht, es chönnti wider s glyych bassiere wie sällmool, wo d Eva der hinderlischtige Schlang uf e Lyym gangen isch. Gnau glyych chönnti öiches guete Verheltnis zu Jesus Schaade nee. [4] Aber der gheied gäärn immer wider druf yyne: Zum Byschpil wenn äine zuen ech chunnt und vom enen andere Jesus verzellt, wo miir nüt von em gsäit häi. Oder es chunnt en andere Gäischt über ech, wo der nit vo öis üüberchoo häit. Oder der ghööred en andere Guete Bricht, wo au nit vo öis isch!

[5] Ich deet doch mäine, ich syg nit weeniger wäärt as son e Blagööri vom enen Aposchtel! [6] Und wenn i scho nit der Gschicktischt bii bim Reedehalte, an der Erkenntnis feelts mer wäge däm no lang nit. Mir häi das bi öich uf alli Aarten under Bewyys gstellt und esoo, ass es alli häi chönne gsee und ghööre.

[7] Isch es ächt e Sünd gsii, ass ich mi vor öich aabegmacht haa, ass diir besser doostönded? Ich han ech jo der Guet Bricht vo Gott verchünded und ha nüt derfüür ghöische. [8] Ande-

re Gmäinde han ys us em Sack zoogen und Loon von ene gnoo, ass i öich ha chönne diene. [9] Und won i bi öich gsii bii und undeduure ha müese, bin i niemerem zur Lascht gfalle. Myni Brüedere, wo vo Mazedonie choo sy, häi zue mer gluegt. Dääwääg bin ich öich überhaupt nit zur Lascht gfalle, und esoo sells au blyybe. [10] Gnau esoo, wie d Woored vo Chrischtus in mir isch, sell mer s Loob z Achaia nit verweert syy. [11] Worum isch das esoo? Öbbe wil ich öich nit gäärn haa? Gott wäiss Bschäid.

[12] Ich mach aber wyter esoo wie jetz, für zum deene der Wind us de Seegel z nee, wo sech wäi rüeme, si syge wie miir. [13] Die sy nämmlig faltschi Aposchtel, si gönge mit Hinderlischt ans Wäärch und düene, wie wenn si Aposchtel vo Chrischtus weere. [14] Und das isch jo käi Wunder, der Düüfel sälber verchläided sech au as Ängel vom Liecht. [15] Doorum isch es nüt Bsunders, wenn sech syni Chnächten as Diener vo der Grächtigkäit verchläide; die chömme denn am Ändi üüber, was si verdient häi.

Der Paulus rüemt sech sälber

[16] I sääg echs nomol: Lueged mi nit für blööd aa! Aber wenns ums Verwoorge mues syy, so lueged mi halt für blööd aa, derno chan i mi au e chlyy rüeme. [17] Was i jetz grad sääg, git mer nit der Heer yy, nääi, es chunnt vo der äigene Dümmi und wil mir eso ins Rüeme choo syy. [18] Wil vill Lüt blagiere mit däm, wo si wäi gmacht haa, will iich mi jetz au emol rüeme. [19] Diir häit jo no Fröid an jeedem Lööli, diir, wo d so gscheit wäit syy. [20] Der haltds uus, wenn ech öbber aabedruckt, uusnützt, uusnimmt, aabemacht und ins Gsicht schloot. [21] Zu myner Schand mues i zuegee: Für soo öbbis zmache, sy mer z schwach gsii!

Mit däm, wo die grooss aagääbe, chan iich au aagee – jetz schwätz i, wie wenn i au e Lööli weer. [22] Sii sy Hebräer – iich

65

au! Sii sy Israelite – iich au! Sii sy Chinder vom Abraham – iich au. [23] Sii sy Diener vo Chrischtus – i schwätz, wie wenn i der grööscht Lööli weer: Iich bi das no vill mee! I ha mee gchrampft, i bi mee im Gfängnis gsii, i ha mee Schleeg üüberchoo und ha vill Doodesänggscht usgstande. [24] Fümfmool han i vo de Juude mit der Gäislen üüberchoo – jedes Mool äine weeniger as vierzg Schleeg. [25] Drüümool het me mi mit Stäcken abgschlaage – äinisch het me mi gstäiniged, drüümool isch my Schiff undergange, e Daag und e Nacht hets mi uf em Meer ummedriibe. [26] Ich bi vill gräist, i ha Gfooren usgstanden in Flüss, vo Röiber, vom äigene Volk, vo Häide, in der Stadt, in der Wüeschti, uf em Meer – und under faltsche Brüedere. [27] I ha vill Müej und Aarbet ghaa, vill schloofloosi Nächt, ha Hunger ghaa und Duurscht, ha vill gfaschted, ha chalt ghaa und nüt me aazlegge.

[28] Und derzue aanen isch no daas choo, wo Daag für Daag uf mi yystüürmt, und d Soorg wägen allne Gmäinde. [29] Immer wenn äine schwach wiird, wiird iichs au, und wenn äine umgheit wäg em Glaube, derno brennts in miir.

[30] Wenn i mi scho sell rüeme, derno rüem i mi wäge myner Schwechi. [31] Gott, der Vatter vo Jesus, em Heer, wäiss, ass i nit lieg – iim sell s Loob ghööre bis in alli Eewigkäit! [32] Z Damaskus isch der Statthalter vom Köönig Aretas uf der Luur glääge, wil er mi het welle gfange nee. [33] Im ene Choorb bin i dur e Fänschter über d Muuren aabegloo woorden und bin em ab.

12 Vo Erschyynigen und Offebaarige

[1] Grüemt mues syy, au wenns nüt nützt. I will aber glyych vo Erschyynigen und Offebaarige vom Heer verzelle. [2] Ich wäiss vom ene Mensch, wo zu Chrischtus ghöört. Dää isch vor vierzää Joor bis in dritte Himmel uufeglüpft woorde – i wäiss aber nit, isch er byn em sälber gsii oder nit – numme Gott wäiss es. [3] Und i wäiss vom glyyche Mensch – i wäiss

aber nit, isch er byn em sälber gsii oder nit – numme Gott wäiss es – ⁴ dää isch ins Paradyys gfüert woorde. Döört het er unerhöörti Sache ghöört, wo käi Mensch darf sääge. ⁵ Wäge däm will i mi rüeme; was mi sälber aagoot, will i mi aber nit rüeme, es syg denn wäge myne Schwechene.

⁶ Und wenn i mi rüeme wetti, weer i jo nit e Lööli; i det d Woored sääge. Ich verchlemms aber, ass me mi nit hööcher yyschetzt, as me mii cha gsee oder vo mer cha ghööre. ⁷ Die hööchen Offebaarige chönne mer nämmlig nit in Chopf styyge; es isch mer jon e Stachel ins Fläisch driibe woorde, en Ängel vom Düüfel. Dää mues mer e Watsch gee, ass i der Chambe nit z fescht stell. ⁸ Wäge däm han i dreimool bim Heer aaghalte, dä Ängel vom Düüfel sell mi in Rue loo. ⁹ Und der Heer het zue mer gsäit: Syg zfriide mit myner Gnaad; my volli Chrafft chunnt in der Schwechi füüre. Drum bin i bsunders stolz uf myni Schwechene; esoo zäigt sech d Chrafft vo Chrischtus in mir inne. ¹⁰ Und i bi froo, wenn i schwach bii, wenn me mi bloggt, wenn i in Noot bii, wenn me mi verfolgt und wenn i Anggscht haa – und daas alles wäge Chrischtus; wenn i nämmlig schwach bii, bin i staark.

D Zäichen und Wunder vom Aposchtel

¹¹ Jetz han i mi doch wiirklig wien e Lööli ufgfüert! Dir häit mi halt derzue zwunge. Äigetlig setted dir mi jo empfääle; i bi nit weeniger wäärt as son e Blagööri vom ene Aposchtel, au wenn i nüt gilt. ¹² Mit groosser Usduur het der Aposchtel Zäichen und Wunder doo und anders Groosses gmacht. ¹³ Han ich öich uf iirgenden Aart schlächter behandled as anderi Gmäinde? Iich wäiss numme, ass ich öich nie zur Lascht gfalle bii. Vergääbed mer bitte daas Unrächt!

¹⁴ Lueged, zum dritte Mool det ich jetz gäärn zuen ech choo, und au jetz wet ich öich nit zur Lascht falle; ich has nit uf öiches Äigedum abgsee, mir gots um öich. Es selle nit

d Chinder für d Eltere Schetz aahüffe, nääi, d Eltere für d Chinder. [15] Ich will gäärn en Opfer bringe, sogaar mi ganz uufopfere für öich. Ich han öich bsunders gäärn – worum häit dir mii denn weeniger gäärn?

[16] Sygs, wies well, ich bin ech nit zur Lascht gfalle. Dir mäined, ich syg e Bedrüeger, und ich häig öich verwütscht. [17] Han ich öich öbben übers Oor ghaue, won ich öich öbber gschickt haa? [18] Ich ha der Titus überreeded und zämme mit em Brueder zuen ech gschickt. Het dään ech öbben übers Oor ghaue? Sy mer nit im glyyche Gäischt underwäggs gsii und im glyyche Dramp gloffe?

D Gmäin wiird uf d Broob gstellt

[19] Dir mäined villicht scho lang, mir wellen öis vor öich rächtfeertige. Miir, wo zu Chrischtus ghööre, müesen aber vor Gott Reed und Antwoort stoo. Aber myni liebe Lüt, daas bassiert alles, für ass öiche Glaube wachst. [20] Ich ha nämmlig Anggscht, ass ich öich nit esoo aadriff, wien ich miirs det wünsche. Und diir finded mii villicht au nit esoo, wie ders gäärn hätted. Ich ha Anggscht, ass es Chrach git, Yyfersucht, Wuetaafäll, Intryyge, Verlöimdige, Blagierereie und Strytereie. [21] Wenn i wider chumm, chönnts aber au syy, ass mi Gott wägen öich wider det deemüetige. Und i müesti druurig syy über vill, wo käi Buess do häi wägen irem unsuubere Lääbe – dütlig gsäit, wil si über d Schnuer ghauen und as Grüüsel ooni Aastand gläbt häi.

13 [1] Jetz chumm i scho s dritt Mool zuen ech. *Jeedi Sach sell vo zwee oder drei Züüge bestäätiged wäärde.* (5. Mose 19,15) [2] I has jo vorusgsäit und sägs jetz nomol vorus (wie won i s zwöit Mool byn ech gsii bii). Jetz mach i daas halt vo wyt ewägg und säg sällne, wo voraane Bööses doo häi, und allnen anderen

au: Wenn i wider chumm, denn lon i niemer lo schlieffe. [3] Dir wäit jon e Bewyys derfüür, ass Chrischtus in mir reeded, äär, wo gegen öich nit schwach isch, nääi, Macht und Chrafft het byn ech. [4] Wo men en gchrüziged het, isch er schwach gsii, aber jetz läbt er dur d Chrafft vo Gott. Au miir sy schwach, glyych wien äär, aber mer lääbe doch mit iim wägen öich, wil ys Gott d Chrafft git.

69

[5] Stelled ech doch sälber emol uf d Broob, wies mit öichem Glaube stot, nämmed ech gnau under d Lupe. Oder meerked der bi öich sälber nit, ass Jesus Chrischtus in öich innen isch? Wenn nit, häit der d Brüeffig nit bestande. [6] I hoff aber, der meerked denn no glyy, ass miir d Brüeffig bestande häi. [7] Mir bätten aber zu Gott, ass diir nüt Bööses aastelled. Das mache mer nit, für ass miir im ene guete Liecht doostönde, nääi, diir selled Guets due, und miir stönde doo, wie wenn mer d Brüeffig nit bestande hätte. [8] Mir chönne jo nüt gege d Woored uusrichte, nääi, miir chönnen ys numme für d Woored yysetze. [9] Mer fröien ys jo, wenn miir schwach doostönden und diir voll Chrafft syt. Grad für daas bätte mer: Ass es guet chunnt mit öich. [10] Wäge däm schryyb ich öich jo au vo wythäär. I will nämmlig nit mit Schimpfe müese dryyfaare, wenn i derno byyn ech bii. Der Heer het mer jo d Vollmacht gee zum Ufboue, nit zum Aaberysse.

Grüess

[11] Zum Schluss, Brüederen und Schweschtere, fröied ech und löjed zue, ass men ech zrächtstutzt, syged froo über gueti Rootschleeg, syged äiner Mäinig, häit Friide mitenand. Derno isch d Liebi und der Friide vo Gott byn ech. [12] Gääbed ech e häilige Schmutz! Alli Häilige löjen ech lo grüesse.

[13] D Gnaad vo Jesus Chrischtus, em Heer, und d Liebi vo Gott und d Gmäinschaft vom Häilige Gäischt selle mit öich allne syy!